LO QUE DEJÓ TU ADIÓS

LO QUE DEJÓ TU ADIÓS

Rodolfo Naró

Diseño de portada: Lucero Vázquez Téllez
Diseño de interiores: Lucero Vázquez Téllez
Fotografía del autor: José Manuel Ruiz

© 2016, Rodolfo Naró

Derechos reservados

© 2016, Editorial Planeta Mexicana, S.A. de C.V.
Bajo el sello editorial PLANETA M.R.
Avenida Presidente Masarik núm. 111,
Piso 2, Polanco V Sección, Miguel Hidalgo
C.P. 11560, Ciudad de México
www.planetadelibros.com.mx

Primera edición en formato epub: septiembre de 2016
ISBN: 978-607-07-3643-8

Primera edición impresa en México: septiembre de 2016
Séptima reimpresión en México: agosto de 2021
ISBN: 978-607-07-3625-4

No se permite la reproducción total o parcial de este libro ni su incorporación a un sistema informático, ni su transmisión en cualquier forma o por cualquier medio, sea este electrónico, mecánico, por fotocopia, por grabación u otros métodos, sin el permiso previo y por escrito de los titulares del *copyright*.

La infracción de los derechos mencionados puede ser constitutiva de delito contra la propiedad intelectual (Arts. 229 y siguientes de la Ley Federal de Derechos de Autor y Arts. 424 y siguientes del Código Penal).

Si necesita fotocopiar o escanear algún fragmento de esta obra diríjase al CeMPro (Centro Mexicano de Protección y Fomento de los Derechos de Autor, http://www.cempro.org.mx).

Impreso en los talleres de Impresora Tauro, S.A. de C.V.
Av. Año de Juárez 343, Colonia Granjas San Antonio, Iztapalapa
C.P. 09070, Ciudad de México.
Impreso y hecho en México - *Printed and made in Mexico*

I
AMOR CONVENIDO

. . . .

No hay mujer buena
ni hombre que la merezca.

LO QUE SE LLEVÓ TU ADIÓS

Lo que más extraño de ti
son tus muslos, grandes y fuertes,
suaves y tiernos. Pesados
como puertas de monasterio.
Blancos como el hielo,
duros, breve acero.
Tus muslos, que se abren en par,
dejándome pasar a tu cuerpo.

Lo que más extraño de ti
es tu pecho, tan perfecto,
como el corazón que hay dentro;
grande, como bocanada de viento;
firme, como el amor que por ti siento.
De pezones erguidos, vivos como horas.
Semejando tu pecho,
el sótano de mis recuerdos.

Lo que más extraño de ti
son tus manos, tersas y ágiles,
que aprisionaban mi ansia
como gusano en capullo.
Tus manos, acompañadas de diez dedos:
tercos y enhiestos,
son en mi cuerpo otro sexo,
saciedad y tormento.

Lo que más extraño de ti
son tus nalgas, redondas y tersas;
acopladas perfectas a mi regazo,
duras como dos grandes cascos.
Tus nalgas, tan tímidas,
que ni el sol tiene recuerdos;
tan mías, que a mis manos sobre ellas
no les falta carne entre los dedos.

Lo que más extraño de ti
es tu espalda, mitad de tu cuerpo,
sostén de mi peso,
escudo de mi miedo.
Tu espalda erizada
al deslizar mis dedos.
Era como lumbre,
fuego silencio.

Lo que más extraño de ti
son tus labios hambrientos,
siempre agrietados y llenos de pellejos.
Tus labios y más allá tu lengua,
que hurgaba en mi boca, en mis orejas,
en cada orificio de mi cuerpo;
y lamía mi espalda, mi abdomen,
mi sexo, mis axilas y sus vellos.

Lo que más extraño de ti
son tus ojos, tu cabello,
tus pies, tu vientre de cielo,
y el olor que hay en tu seno.

Extraño todo tu cuerpo:
tus uñas, tus dientes, tus orejas,
tus ejercicios y tus dietas,
tu respirar a fuerza,

cada palmo de tu piel,
cada músculo, tendón y hueso.
Extraño tu deseo insaciable,
tu amor y tu peso,
y las noches que morí
abrazado a tu deseo.
Más que todo tu cuerpo, aun más que Dios,
extraño tu amor.

INVENTARIO

Quien diga que no es verdad que venga
y se deslumbre con el fulgor de mis sienes,
escuche tu nombre como gemido en mi garganta
y sienta mi estómago que revienta
de aguantarse las ganas.
Hoy es de esos días
en que mi piel es una áspera sábana
y mi corazón no tiene más que una válvula;
tengo miedo, mucho miedo de mis entrañas.
Porque he sentido tu ausencia
no sólo en el tacto y la mirada,
no sólo en mi nariz y mis nalgas.
Te quise más allá del fondo de las cataratas,
más todavía que la inmortalidad de mi alma.
Tú y yo estuvimos pegados, a presión,
como botella y vino y corcho que se ensancha
dentro de tu cuerpo, como dedo que separa una página,
incesante, caliente, lima que talla y talla.
De veras que no estoy bien,
mi enfermedad es de las que no se habla,
poco a poco te envenena la adrenalina de la esperanza
y el dolor es tan caliente que dos veces no se aguanta.
Te quise a nado, de orilla a orilla del Río de la Plata,
como quiere el que por primera vez ama.
Tu carita de día era mi mañana.

No sé por qué dicen que miento,
si tu nombre me aturde la mirada,
si les platico cómo y cuánto te amé
y les digo me faltas, me faltas.

MALA PATA

Cada mañana me levanto con el pie izquierdo,
porque toda la noche estás incrustada
en mi costado   derecho.

DECLARACIÓN DE FE

Sufro, con ese dolor tan grande,
como si lo causara la muerte de mi madre.
Hace cuántas flores que no te veo,
te espero, todo el día, desde ayer en la noche,
desde antes de que ayer oscureciera.
Yo quiero la libertad del que vive atado,
caminar cogido a tu falda como niño de tres años,
decirte frases ricas, jugosas para alimentarnos,
calientes para cuidarte de tu noche y su espanto.
Las palabras que no te diga hoy
mañana te las iré silbando,
guárdamelas en tu oído, recuérdame repetir:
te amo tanto.
Arrúllame como huérfano de pecho
que mama anda buscando.
Mi casa aún es la tuya y tu cuerpo es mi palacio.
Quiero vivir contigo, ensartado,
como la aguja en el ovillo
entre tus hilos, ser guía que amarre
el botón de tus sentidos.
Que vuelvas conmigo,
que seas mi vientre y yo tu hijo,
llevarte a donde no conozco, a donde nunca fuimos,
y ahí decirte todo lo que ya te he dicho,
otra vez, los versos que aún no escribo.

EL SEPULCRO

Tendida está la cama como tendidos los muertos.
No te has marchado. Sé que no te has marchado,
abro la alacena y me como un recuerdo,
plancho tu ropa y la uso calientita como tu cuerpo,
y el huevo de Santa Clara está lleno de tus besos,
sobre la mesa aún está el cenicero.
A tu retrato, al que todavía le repito te quiero
ha nacido una extraña relación entre él y yo,
duerme conmigo entre mis sábanas de acero.
Quisiera tener la paciencia del árbol
y esperarte siempre con los brazos abiertos.
La cama es un sepulcro y tú eres el sepulturero.
Quiero morir una vez más contigo dentro,
despertar y echarme encima la sábana de tu peso,
acercarme poco a poco,
encenderte como el ojo al entendimiento;
con mis dedos marcarte la piel
y andar la ruta interior de tu deseo.
Pero no hay peor enemigo que el reloj,
cómplice del tiempo,
ni espacio más grande que mi cama,
aun más que tu huerto.
Te veo como un niño cuando te recuerdo.
Te extraño de veras y me lastima oír tu silencio.

Si quiero llorar, mi almohada es tu blando pecho,
si necesito platicar, en la cabecera tu imagen veo,
pero si tengo ganas de amar,
mis manos no son igual a tu sexo.
Me revientan los dedos con letras que dicen:
amor, esto es un tormento,
amor, ¿cuándo volveremos a dormir esas noches sin sueño?

DOMINGO

Hoy he decidido que sea domingo
y mañana igual y pasado también.
No quiero salir de casa,
para no enfrentarme a la roja mirada impertinente,
a la tenaz atmósfera de humos subsidiados
y al trajín cotidiano del policía superdotado.
Esta casa no tiene más que cuatro paredes
y una puerta que habla como si se le preguntara,
que repite a diario: esta es salida, dejó de ser entrada.
Me he acostumbrado a vivir solo, sin ella, sin cama.
Duermo con la mano en el sexo,
apretándome la voluntad y las ganas,
con la mirada en el techo, mirando las cosas que pasan.
Eres una hoja que navega en la superficie del agua,
un retrato que envejece como si también tuviera alma,
una raya marcada en la tierra,
un antes y después del alba.
Si yo pudiera caminar contigo,
andaríamos las piedras bravas,
las cuatro estaciones sin parada ni retorno.
Te recuerdo en la profundidad de la entraña,
siento que sobran partes de mi cuerpo,
no sé cómo usarlas:
estos brazos que sólo cargan almohadas,
o mis dedos que hablaban
con tus labios de palabras desiertas.

Si yo pudiera decirte libro, lápiz, cama,
alebrije, esfera y jarro. Puro de La Habana.
Fumaría contigo un robusto, de los que no se apagan.
Toda la noche mirando, mirándonos las brasas
quedito estaría contigo, diciéndote mañana es domingo
y pasado y si quieres toda la semana.

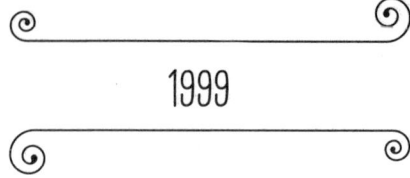
1999

Tienes tantos secretos como un confesionario.
Absorta ante la verdad con la inocencia del niño,
quieta como las ramas de los olivos,
que se mueven sólo para respirar.
A veces creo que podré olvidarte,
cuando ya no recuerde que existo
o desespere por esperar tu ajeno amor mío.
Eres indiferente como una puerta cerrada,
puntual como ojera al amanecer,
segura como el que sabe que duerme en su cama,
terca como una aldaba,
quedita como las huellas de las arañas.
A veces creo que soy suicida,
porque me atrevería a matarte
y me dueles como si la muerte estuviera en mi casa.
Te digo esto porque he leído que todo se gasta,
que la juventud de mis piernas algún día será lástima.
Mientras yo escribo poesía,
tú lees *Las mil y una noches* sin ninguna prisa;
cuando te digo esta boca es mía,
pones el beso en tu palma y soplas a la deriva.
Déjame decirte adiós, aplazando la despedida
y quedarme en ti como el sueño en las pupilas,
adivinar lo que estás pensando,
ser palabra de tu voz y callarme en tus labios.

Afuera compite Chopin con la lluvia
y yo te espero desde hace tres días,
antes de que lloviera, antes del sol de primavera;
todavía te sigo esperando, amor mío,
y a la vuelta de la esquina ya viene otro siglo.

AMOR CONVENIDO

Jamás fue tan callado el silencio.
Jamás tan espeso mi llanto.
Jamás estuvieron tan largos mis brazos.
Ni agrietados mis labios
ni mi corazón tan despacio
ni mi vida tan tuya.

Jamás fue tan triste Chopin.
Jamás fue mi esperanza tan terca.
Jamás mi poesía tan extensa.
Ni tan pequeño el papel
ni tan negra mi tinta
ni tan mal rimado un verso.

Jamás fue tan viajero el amor.
Jamás tan largo el trayecto.
Jamás tan menguante la luna.
Ni la jamaica tan roja
ni mi sangre tan tersa
ni tan quedita la Ciudad de México.

Jamás creí quererte tanto.
Jamás creí extrañarte mucho.
Jamás fue la realidad tan de veras.
Ni tan piadosa la mentira
ni tan cobardes mis frases
ni tan gastadas mis voluntades.

Jamás fue tan amplia la cama.
Jamás tan ardiente el deseo.
Jamás fueron tan torpes mis manos.
Ni tanto amor por el caño
ni tanto rencor por un beso
ni tantas margaritas para los cerdos.

Jamás dije que te amaba.
Jamás valoré tu cariño.
Jamás supe decir te necesito.
Porque jamás perdoné tus errores.
Porque jamás olvidaste los míos.
Porque jamás, quizá, jamás nos quisimos.

ME DUELE EL SILENCIO

Me duele el silencio que me rodea,
la noche fría que me espera,
la luna llena que me espía
y el latir de mi corazón,
que me recuerda que estoy con vida.

Me duele la piel, las manos,
el vacío de mis brazos,
esta ojera melancolía,
quererte con las ganas
y perderte con el alba.

Me duele tu risa y mis recuerdos.
El aire que respiro,
la amargura que transpiro.
La noche, el día, el sol y la lluvia.
La música cuánto me lastima.

Me duele cerrar la puerta,
la costumbre de tus caricias.
Este amor
no correspondido,
ya imposible,
ya olvido.

RUTA 100

Estás en la noche y la noche callada te espera.
El ronroneo del metro murmura tu nombre.
Rechina, se queja por andar solo,
tiene miedo de seguir solo cuando la noche lo encuentre.
Yo caminé contigo esos pasillos profundos,
sin tinieblas, con la gente alrededor que decía:
«esos dos son uno», siameses de circo
caminando por el mismo surco.
Convoy sobre rieles, jalándose uno al otro
y el último empujando al final del túnel oscuro.
Te quiero unida a mi cuerpo, desplazarnos bajo tierra,
como tren de deseos indefensos.
Abórdame, déjame sentir tu peso.
Aleja este miedo donde no pueda verlo,
ponlo en dirección contraria, dirección desconocida,
más allá de Pantitlán, donde la muerte habita.
Dile que se vaya, el temor de amarte
me mata de miedo.
Arráncalo de mi pecho, ponlo a andar,
verás que de tu mano camina,
es como un niño extraviado en los túneles de la prisa,
manso y eléctrico, apenas sabe hablar,
como un silencio que comienza a hacer ruido
y observa alejarse el tren de su destino.
Niño amor, niño miedo, sólo en el anden espero.

DEL ARCOÍRIS

Ni todos los verdes del mar.
Ni todos los negros de la noche.
Ni todos los azules del cielo.
Ni todos los rojos del sol.
Ni todos los amarillos de las margaritas.
Ni todos los cafés de la tierra.
Ni todos los blancos de Dios
pueden pintar mi día de colores,
darme luz, desdibujar mis dolores.

PROMESA DE VIDA

Prométeme
que el día de mi muerte me verás.
Quiero dejar este mundo
teniéndote muy cerca de mí.
Sentir otra vez tu caricia
y el sol de tu mirar iluminarme.
Que mis ojos se llenen de ti.
Volver a tener
esperanza de vida,
aunque sea por un solo día.
Escuchar
lo que toda mi vida he esperado:
que me amaste, que me amas,
que siempre me amarás.
Última voluntad de un condenado.
Prométeme
que el día de mi muerte me verás.

VOLVER

A tu regreso
espero que entres en mi cuarto,
que entres en mi cama,
que entres en mi cuerpo.

AMOR INFINITO

Por extrañarte, por dependiente,
por el vacío de mis brazos
y la cama tan mía,
sin sentirte entre las sábanas y mis entrañas.
En la mañana, al bañarme,
cuando el agua recorre mi piel,
que antes se mojaba con tu saliva.
En el sitio preciso en que me dejaste,
en la cocina, en la sala,
por mis cojines de Moda in Casa;
bajo la luz de las lámparas
y al salir a la calle, al mediodía,
porque la sopa está caliente o está fría.
Porque ya no sé cómo vivir,
cómo hacer el amor;
la fidelidad de mi cuerpo te llevaste
y no me atrevo ni a tocarme.
Te pertenecen mi pecho, mi vientre,
mis dedos, mi fuego;
tuyos son mis besos, mis pupilas,
mi respirar y mi aliento.
Porque está mi corazón *chiquito*.
No muero de amor,
muero por ti, mueres por mí,
morimos los dos
por este maldito orgullo,
por este amor infinito.

YA NO ME LADRAN LOS PERROS

Desde que te fuiste
la casa está callada
y la noche no tiene luceros.
Quise volverme de piedra,
no sentir el paso del tiempo.
Llorarte sólo una vez,
tanto, que ya después fueras un sueño.
Quise levantarme con el pie derecho,
pero cada mañana me tropiezo
con un recuerdo.

Ya no me ladran los perros.
La ciudad se quedó sin voz
y la noche sólo cobija mis dedos.
La casa que antes era mi refugio
ahora alberga fantasmas
desde el piso hasta el techo.
Parece una locura, pero mi amor
se agigantó con tu desprecio
y cada noche en mi cama te espero.

Sin embargo, estoy solo, sin esperanza
ni fe, ni un te quiero.
Solo, de dar miedo. Tanto que, ya ves,
ni siquiera me ladran los perros.

SIN RAZÓN

¡Hartos de pisar la tierra!,
mis pies quisieran tener alas
o perder la cordura
que los ata a esta vida mecánica,
a este morir despacio, a este vivir sin ganas.
La conciencia me traiciona,
los recuerdos me hacen garras
y su silencio me grita que no valgo nada.
Quiero vivir soñando, aprisa,
en un mundo sin palabras,
donde no exista el amor
y los hombres no tengan corazón,
ni alma que abrigue esperanzas.
Vivir donde ya no escuche su voz,
donde ya no pueda ver ni sentir.
Pero está en mi resguardo y mi mente.
¡Harto de pisar la tierra, Dios!
Déjame perder la cordura
o bendíceme con la muerte.

SOBRE LAS VERDES SÁBANAS

Vi tu cuerpo desnudo,
tendido sobre las verdes sábanas,
tu piel caliente, esperando ser penetrada;
tus labios agrietados y rojos
murmurando no sé qué palabras
y los ojos entreabiertos,
buscando a tientas mi carne hinchada.
Sentí tu cuerpo desnudo,
amando, gimiendo, rogando;
sobre mi cuerpo tu piel sudorosa,
más que fuego, brasa entre mis manos.
Escuché entre gemidos
un último «te quiero»,
palabras entrecortadas, incoherentes,
pero llenas de sentido, algo así como «más, más»,
y llené tu cuerpo hasta quedar vacío.
Tuve entre mis manos
tu cara y tu corazón de niño;
el respirar forzado de tu sexo vivo.
He saboreado el jugo de tu vientre,
tu sudor, saliva, aliento y olvido.
Nadie me lo ha contado,
yo tuve la dicha de tenerte un año,
y tu cuerpo lo conozco tanto,
que a veces lo confundo con el mío.

Porque tu cuerpo lo vi, lo sentí,
lo saboreé, lo tuve tanto,
que al dejarme te vas con mi piel vestido.

MIS OJOS

Los ojos son el caño del mundo,
la ruta última de las cosas
que van cayendo al mar de intestinos
cada segundo.
Miro de lejos mi cama, la almohada
que sostuvo sueños de noches en vela.
No quiero acostarme junto a ese
agujero profundo que es la nada,
esa mitad fría al rodar mi espalda.
Voy a salirme al parque, descalzo,
imaginar que camino por tu plaza,
por la venida de tu cuerpo
y volver corriendo, pisando la luna en las charcas.
Es curioso, pero hoy oscurece más tarde,
son apenas las ocho veinte
y parece que fuera una hora antes.
Tengo tiempo de caminar hasta cansarme
y regresar a la casa con los ojos llenos de imágenes
y llegar a la cama como quien llega a su último viaje.

AGONIZANTE

El aliento me huele a cobre verde
a desperdicio de vísceras para los cerdos.
Saca ya los pies de mi pecho,
desabotóname la espalda,
la placa que sostiene mi peso.
Mi columna es de acero,
muévela con el imán de tus dedos.
No soporto mis ojos,
tienen la mirada del ciego.
No tengo manos,
se las presté al manco
para dictarle estos versos.

SIGLO XX

Ayer tembló dos veces,
la tierra se pudrió bajo mis pies
y sólo esperaba que vinieras a verme.
Tengo varias semanas sin salir de casa,
sepultado en sal de la noche a la mañana.
Por fin cerraron el bar de la esquina,
se llevaron la música y las cucarachas;
en su lugar construyeron una megatienda
justo al abrir mi ventana.
Pobres de las putas, amanecieron desorientadas.
Las noticias dicen que las guerras son cosas de niños,
que uno más uno son dos
y una tercera sería un suicidio.
El sol inmigrante se nos está colando
y ni la OTAN puede detenerlo.
Este mundo es una esfera
y no sabemos cuándo caerá la cabeza;
dicen los libros que seis millones ya rodaron,
que hubo necesidad de dos bombas
para acabar con la violencia.
Que Villa y Zapata por fin se encontraron,
pero faltó un sillón para sentarlos.
En menos de un año estamos en otro milenio
y Dolly no tiene madre a quien pedirle consejo.

Estuve leyendo varios días
y sigo sin entender a Marcos.
Si vinimos a este mundo a ser justos y felices,
por qué Gandhi se murió sin conocer a los alzados.
Por fin sé dónde visitarte, Che,
ya duerme tranquila tu Habana de años.
Estos meses que se van, descubrí tantas cosas:
que no hubo presidente mal intencionado,
que no hay película perfecta, sino estados de ánimo;
aprendí a mirar la luna llena, llena de huellas
de los gringos que hasta el cielo nos han pisado.
Para el mal del siglo, armadura de plástico.
Mucho he leído buscando respuestas
y aún me sigo preguntando.
Hoy es igual que ayer, que hace cincuenta años,
yo sigo en casa con las paredes vestidas de cuadros,
con las ventanas abiertas, mirando luminosas ofertas,
impaciente espero tu regreso
o que en este mundo plano por fin pase algo.

BOCA A BOCA

No hay peor hoguera
que el fuego de tus labios.
Quiero besarte otra vez,
sentir en mis labios el papel de los tuyos,
devolverte la amargura
que en mi boca fue resignación y silencio,
ilusión de amor que ya me parece eterno.
Besarte, pero no para sentir el amor
que antes salía de tu pecho,
sino para devolverte lo único tuyo
que ahora me quema por dentro.
Besarte, pero no para sentir tu calidez
ni mi alma removerse hasta sus cimientos
y mi corazón latir aprisa, caliente,
llevando sangre a todo mi cuerpo.
Sino, para devolverte tus besos
y tú me entregues los míos,
para vivir o morir completo.

POR ÚLTIMA VEZ

Esta es la última vez
que te digo adiós,
te digo te quiero,
te necesito.
Es la última vez,
de veras te lo digo.
Ya no puedo esperar
a que te des cuenta
que soy, que seré,
quien más te ha querido.
Ya no tengo esperanza,
ni fe en el crucifijo.
Es la última vez
que te digo adiós,
de veras te lo repito...
la última vez
y mi último suspiro.

TREGUA

Necesito vacaciones de mí.
Descansar de mí mismo.
Dejar mis zapatos italianos, mis pantalones de casimir.
Afeitarme cada semana.
Despreocuparme de mis uñas.
Olvidarme de rencores y reír aún más.
Tomar pocas cosas con seriedad, reír aún más.
Viajar a Teotihuacán o estar en Roma y disfrutar.
Olvidar a propósito mi secadora, mi hilo dental.
Extraviar por ahí mi reloj y con él un día más,
no ser tan perfeccionista ni juzgar sin piedad.
No amanecer con las abdominales en las costillas,
con ganas casi mecánicas de correr,
preocupado por la transpiración de mi piel,
por la camisa bien fajada, zapatos boleados,
cuidando el estilo y lo que pensarán los demás.
Yo nunca tuve oportunidad de viajar
y ahora necesito vacaciones de mí,
dejar la pose en la fotografía,
ir por la vida sin planearla,
que mi risa sea espontánea y mi comida no tan igual.
Atento a la voz del silencio, de veras loco de atar.
Vivo dos, tres o cuatro vidas
y entre tantas mentiras, pierdo la realidad.
Debo aceptar las cosas como son,
ahora que aún tengo la vida por delante.

ASÍ DE FÁCIL

Ojalá fueras como una pastilla
que se pone en la punta de la lengua
y de un sorbo te tragara,
te pudiera digerir y defecarte,
como hago todas las mañanas.
Si fueras agua que me ahoga la tibieza de la cama,
o el jabón que espera toda la noche
para gastarse entre mis manos, y luego,
te ahogaras en las cataratas del caño.
Si con llorarte pudieras salir de mi costado,
te lloraría hasta dormido, todo el día,
un mes, un año, el tiempo necesario,
pero saber que después no recordaría
tu nombre ni tus ganas ni tu cuerpo pesado.
Si pudiera aliviarme de ti, sudándote,
sacando este amor que viene de mi vientre,
se hace nudo en mi garganta, me asfixia
y me convierte la mirada en cristal salado.
Si fuera tan fácil acabar con el amor,
los recuerdos, la esperanza,
con decir: ya no te quiero, no voy a pensar en ti,
ten por seguro que todo lo hubiera hecho
el día siguiente que te fuiste de la casa.

MI CASA

Si las camas se miden por almohadas,
necesito entonces un par,
para abrazarte en la madrugada.
Necesito un refrigerador más grande,
con nevera sin escarcha, para congelar tu recuerdo
y poco a poco alimentar mi esperanza.
Necesito un baño con tina para ahogar mis lágrimas;
una alfombra grande para no sentir
el frío del piso, de tu retrato y su mirada.
Voy a comprar cortinas grandes, ahuladas,
para seguir en penumbra, aun por la mañana.
¡Qué descaro del sol!
Nadie lo invita pero él se adueña de la casa,
todos los días llega sigiloso de madrugada.
Necesito pintar paredes, cambiar cuadros,
redecorar la sala,
que dejen de platicar el viento y la ventana,
de hacer el amor llaves y chapa.
Necesito calefacción para este frío de matemáticas,
para suplir el calor de tu entrepierna,
viva como brasa.
Necesito empezar por cambiar la cama,
la cabecera de cristal
que aún tu imagen refleja y mi lucidez engaña.
Necesito también cambiar las sábanas.

PASOS VACÍOS

1

Hiciste bien en marcharte, Daniel,
en dejarme aquí recordando cada doblez de su cuerpo.
En las noches me parece oír su respirar sin prisa
y el incesante palpitar de sus pies.
Hiciste bien en dejarme la cara vacía,
mis ojos se los comieron las niñas.
Voy a pasear mi recuerdo, descalzo por la avenida.

No tenía qué ofrecerle, mi mundo se desmoronaba.
Mi tiempo es ya un reloj de arena
que me sofoca y me entierra.
Se fue de mis brazos y el vacío cayó al piso.
Yo no era buena compañía, ahora sólo hablo
de sus manos, sus ojos, el color de su sonrisa.
La conociste, coincidieron en la casa algunos días.

Qué bueno que te fuiste o te habría arrastrado en mi caída
y aún no conozco la profundidad de mi dolor,
de mi angustia, por saber que jamás volverá a ser mía.
Aún tengo presente el primero de marzo
y la presión de sus muslos, calientes como caricia.
Hiciste bien en marcharte, amigo mío,
y si regresas, será para decirte lo que tanto te he dicho.

2

El miedo me tiene cogido de los cabellos.
Estoy como un niño con frío
y ni la madre de Dios me puede salvar.
A media calle me busco y me veo tirado,
me arrollan los días y no tengo fuerza para
levantarme y decir que aún vivo.
Me doy por muerto a pesar de mí mismo.

Levántame, aún estoy donde me dejaste,
he esperado tantas páginas y he leído el libro
infinito de los días, solo, lento, como
deletrea sus primeras palabras un ciego.
Sólo tengo para darte este miedo al desvelo.
Enciende la luz a medianoche
para dormir contigo el sueño eterno.

¿Qué hago sin ti?, me pregunto a cada rato
y mi corazón responde con sonidos nuevos,
mi respiración se agiganta sobre tu recuerdo.
Me muerdo para saberme y he de devorarme,
si no te encuentro antes de que la luna caiga
y se rompa en el suelo como un plato lleno de hambre.

TU HÁBITAT

1

Si algún día nos volvemos a encontrar
cerraré las cortinas de mi cara;
no quiero que veas por mis ventanas
que aún habitas en mi alma.

2

Yo sé que vives en mis ojos
porque al recordarte
se iluminan y brota un raro destello.

Yo sé que vives en mi corazón
porque al recordarte
se acelera y se agiganta. Quema como el sol.

Yo sé que vives en mi estómago
porque al recordarte
tus jugos me queman por dentro.

Yo sé que vives en mi garganta
porque al recordarte
se hace ciego un nudo y mi voz calla.

Yo sé que vives en mis oídos
porque al escuchar tu nombre
se paralizan los demás sentidos.

Yo sé que vives en mi cerebro
porque al recordarte
mi cuerpo es un cúmulo de excesos.

SE VINIERON LAS AGUAS

Se vinieron las aguas
y con ellas el recuerdo y las ganas.

Se vinieron las aguas
y con ellas la voz quebrada.

Se vinieron las aguas
y con ellas la humedad en las ventanas.

Se vinieron las aguas
y con ellas el tormento de la esperanza.

Se vinieron las aguas
y con ellas la pereza en la cama.

Se vinieron las aguas
y con ellas las sábanas heladas.

Se vinieron las aguas
y con ellas la oscuridad a las ocho de la mañana.

Se vinieron las aguas
y con ellas la música de flautas.

Se vinieron las aguas
y con ellas la putrefacción rápida.

Se vinieron las aguas
y con ellas los tomates son pasta.

Se vinieron las aguas
y con ellas la culpa en mí se ensaña.

Se vinieron las aguas
y con ellas el canto de las charcas.

Se vinieron las aguas
y con ellas agosto, el viento y la hojarasca.

Se vinieron las aguas
y con ellas Venecia en Guadalajara.

Se vinieron las aguas
y con ellas su risa en la madrugada.

Se vinieron las aguas
y con ellas el lamento, el silencio y otra vez las ganas.

NO ME OLVIDES

No dejes mi corazón latiendo aprisa en mi pecho
ni mi garganta uniendo mi cabeza a mi cuerpo,
puente de los suspiros, recipiente de tus besos.
No dejes a mis dientes sonriéndole al tiempo
ni a mis ojos mirar su desvelo.
¿Dónde está la madre de la niña de mis ojos?
Que venga por ella, aunque pierda tu retrato.
No dejes a mis brazos sólo apresar el viento,
ese aire que dejaste, que aún me huele a estiércol.
A mis dedos que enseñaste a ser fuertes
y suaves para penetrar el cielo
no los dejes solos enredarse en mi cabello,
ni a mis piernas correr tras tu recuerdo,
en redondo, queriendo escapar del miedo.
Ni a mi sexo lo dejes unido a mi silencio,
ya no tiene la prisa del fuego,
la fuerza que antes partía tu deseo,
ya ni lástima engendro.
No es que sea impotente,
pero le perdí las ganas a todo cuerpo.
No dejes a mi hígado, mi estómago,
mis pulmones vivir sus días,
porque a diario te espero
y la esperanza me mantiene entero.

Ni a mi espalda la dejes que siga cargando su fierro,
parte con tus manos la rigidez de mi cuello.
No dejes a mis oídos escuchar mi voz decir te quiero,
penétrame con tu lengua hasta mi cerebro.
Amor, cuando te marches,
no me dejes esperando tu regreso.

POST DATA

Vivo cada día de mayo,
sus mañanas húmedas, sus noches de primavera.
El tiempo no pasa rápido ni despacio, sólo pasa.
Vivo la ciudad entera, sus calles y avenidas,
sus malabaristas y niñas que limpian parabrisas.
Vivo de mentiras, ilusiones que me dan vida,
hablo de ti con los espejos, ellos no me ignoran,
incluso me preguntan a qué sabían tus besos.
No dejo de buscarte por las ventanas
de reflejarte en el cristal de mi mirada
y con mis manos apresar mis ansias ya gastadas.
Llegar a casa, cenar ligero: cereal o yogurt o gelatina,
engañarme con la televisión,
que hace ruido y compañía,
escuchar el noticiero y su sarta de mentiras
o leer *Tinísima* con la luz de la rutina.
Ojalá tuviera memoria de espejo
y no sintiera los minutos en la yema de los dedos,
mis recuerdos son vuelta y vuelta de segundero.
Quiero estar a tu lado y me estoy yendo,
llamarte, sentirte aunque sea por teléfono,
porque entre todas mis cartas y mis versos,
entre mis reproches y mis miedos,
olvidé el *post data*, olvidé escribir te quiero.

SUICIDIO

Me prohíbo pensarte.
Me prohíbo llorarte.
Me prohíbo escribirte.
Me prohíbo llamarte.
Me prohíbo rogarte.
Me prohíbo seguirte.
Me prohíbo esperarte.
Me prohíbo olvidarte.
Me prohíbo odiarte.
Me prohíbo amarte.
Me prohíbo matarte.
Me autorizo morirme.

UN DÍA DE ESTOS

Un día de estos voy a prenderle fuego a todo:
mis cuadros, mi tapete, mis sábanas verdes,
no dejar piedra sobre piedra,
que el fuego devore mis cimientos de tierra.
Comenzaré por quemar sus cartas y su risa.
Las paredes guardan el eco de su voz
y los cristales el reflejo de su imagen.
Ya mi casa es un infierno de recuerdos.
Frío sin nevera, oscuridad de vela.
Quiero olvidar que la quise como a nadie,
que pude dejarlo todo por amarla.
Voy a quemar mi casa, el metro, el parque,
el Museo Nacional,
el Ángel, el Zócalo y la plaza.
No quiero extrañarla más por la mañana,
ni sentir el sudor de las sábanas.
Esta soledad de monasterio me tiene rezando a gatas
y este frío de norte está acabando con mis ganas.
No quiero despertar en la noche abrazándola
y descubrir que es mi almohada,
o decirle te quiero a un retrato que no responde,
pasarme la vida con mi amor entre rimas preso.
Hoy me repito como cada día:
voy a prenderle fuego a todo, muy pronto,
cuando se me acabe la esperanza de su regreso.

JARABE DE PRIMAVERA

Necesito sudarte para aliviarme de ti,
purgarme tres noches,
oxigenar mi cuerpo con sangrías,
en cuarentena olvidarme del mundo y la vida.
Eres cáncer que me ha devorado las venas,
convulsionado mi corazón en breves infartos de espera.
He intentado todo. Tomado té de nunca vuelvas,
pastillas de hacer el amor con cualquiera,
compresas de manos ajenas, masaje de navajas tiernas,
inyectado ilusiones y seguido cada recomendación
al pie de la letra: dormir poco, leer, cucharadas de luna.
Si fuera necesario operarme, lo haría,
cambiar de sitio mis órganos vitales,
confundir este amor
y el apéndice le venga bien, no el corazón,
para extirparlo fácil, sin peligro ni dolor.
Necesito urgente dos sueros, de tiempo y de razón,
de emergencia camisa de fuerza
y más nada que terapias de resignación.
Necesito tener otra vez esperanza en Dios
y por no dejar una propiedad en Recinto de la Paz
por si resulta mortal esta bendita enfermedad.

MÁS QUE DISTANCIA

No es el aire lo que me separa de ti
ni tantos metros que suman esta gran distancia,
tú quién sabe dónde, abrazada a una pierna larga.
Ni son tus muslos cerrados los que me dejan fuera,
ni tantas cartas que te dicen lo que ya es tarde decir,
ni este mapa sin caminos,
ni es tampoco tu signo o el mío.
No es el tiempo lo que nos separa,
o que tú quieras hacer el amor por la noche
y yo por la mañana,
ni son tus brazos los que me alejan de tu pecho,
ni tu boca que tanto ríe y canta,
ni tus pies incesantes que duermen a la cama,
ni las flores que cultivas con tus manos abonadas.
No es nada tuyo lo que me separa de ti,
ni tus cabellos que se abrazan a mi peine,
ni tus ojos de *nomeolvides* que platican al moverse,
ni los vellos que visten a tu sexo,
ni el fango en que crece tu alimento,
ni tu pareja desgarbada, *i* sin acento.
No es más que el recuerdo de otros cuerpos,
de rencores añejos.

MENAJE DE CASA

A Alberto Paz

Mis libros, mis cuadros, mi escritorio.
Mi cama y sus sábanas verdes.
La televisión con sus ilusiones.
El sillón. Unos cojines
y mi florero de cristal español.
La cocina con sus aperos
y el alebrije que cuida mi razón.
Todo lo vendo por nada,
lo regalo si me lo pide
aun el que más pidió.
Ya nada me sirve,
nada tiene sentido,
es sólo escenografía para dos.
Vendo también una bella
pero triste historia de amor.
Y mi sexo, mis órganos vitales
los dono a quien necesite
ojos, hígado o riñón.
¿Quién quiere comprar mis recuerdos,
quién la poesía que mis entrañas dictó?

SOLEDAD O POEMA 41

Llego a casa
y no tengo nada que decir
porque no tengo a nadie con quien hablar.

LO QUE DEJÓ TU ADIÓS

Una blanda cama.
Un tapete que se arrugó de frío.
Un teléfono mudo porque no oye lo que te digo.
Un dolor tan frágil como el vidrio.
Un corazón de esponja que absorbió sus prejuicios.
Un espacio tan grande porque la sala ya no estaba
y el comedor se había perdido.
Un cactus que pinchó tus manos blancas
y el abono de tus libros.
Todo eso dejaste y aun más en el olvido.
Un cuerpo marcado por el ejercicio.
Unas piernas que se abren cuando se les pide abrigo.
Unas ganas que llenaban todos tus orificios.
Una mirada quieta y unos labios de beso mordisco.
La seguridad de mis manos,
el candado de mis brazos
y la prisión de mi pecho tibio.

II
ÁRBOL DE LA VIDA

. . . .

Tiempo se escribe
con t de tuyo,
con t de Teresa.

CASI UNA SÚPLICA

Padre mío, Dios bendito y justo,
sé que me quieres más que nadie,
que eres la vida y la muerte,
que eres agua y eres sangre.
No es necesario que te lo diga,
Tú sabes lo que pienso aun sin pensarlo,
sabes lo que siento cuando digo que te amo.
Eres la orilla, yo el náufrago.
Puente de los remedios,
yo el enfermo que necesita cruzarlo.
Estoy como loco, Señor,
necesito tu camisa para abrazarme
y la fe que de niño me hacía escribir cartas
pidiendo un duende para acompañarme.
Padre mío, Padre justo,
no tengo más voluntad que esta,
y mi esperanza es sentir que Tú sabes lo que quiero,
aunque yo me engañe y me diga lo contrario.
No hay mal que dure cien años
ni mal que por bien no venga.
¿Este es el bien que querías para mis brazos?
Aún busco las huellas de mis pies descalzos.
Me dejo a tu voluntad, a tu amor de padre humano.
Sólo una cosa te pido, Señor, sólo una cosa,
por favor, no dejes que siga esperando.

DEL JUICIO

Te he buscado
en la ausencia de esa mano tuya
que nunca me cargó.
En los silencios de tu mirada
que se repetían siempre
de modos distintos.
Me enseñaste a caminar
detrás de tu paso gigante,
inalcanzable.
Me decías el color de la siembra,
los muchos nombres de los árboles.
Un día amaneció
y tú dijiste que era lunes.
Así aprendí a amarte,
pero yo esperaba escuchártelo
con esas palabras
que no se dicen entre hombres.

TU BENDICIÓN

Cuando mueras, madre,
déjame tus ojos
para seguir viéndome en ellos
y no me digas que mueres,
eso déjaselo a los viejos,
dime que vas al mercado y
despídete con un beso.

EN DEFENSA PROPIA

Soy un sobreviviente de la poesía.
Sé que tengo más problemas
imaginarios que reales,
por ejemplo: estas palabras goteándome la vida.
Hay letras tan afiladas
que cortan las venas de cualquier suicida.
Decir tu nombre.
Repetir: te quiero,
o te necesito, mi cielo,
y escuchar un no, así tan pequeño,
voltean de cabeza mi universo.
Tengo que escribir lo que siento,
las imágenes que refleja mi cuerpo.
Luchar contra el no de tu aliento.
Sobrevivir a mi poesía,
a este amor enquistado en mi cerebro.

TODA TÚ

Sobre mis hombros.
Sobre mi cuello.
Sobre mis manos llenas de lodo.
Sobre mi espalda que carga el yo puedo todo.
Sobre mis ojos acorralados por sus párpados.
Sobre mis piernas y muslos.
Sobre el callo de mi dedo gordo izquierdo.
Sobre las venas hinchadas de mi cuerpo desnudo.
Sobre mi pecho desierto de vellos y anhelos.
Sobre mi vientre de rojo vivo acero,
cae tu amor y tu peso,
se apoya en mí tu mundo y tu cielo.

CONTAGIO

Qué más puedo entregarte,
si ya te di mi aliento evaporado en un beso.
No sólo compartimos la cama,
ya tienes mi fuerza y mis dedos labriegos,
mis ojos que miran al cielo
y mis oídos que escuchan tu silencio de ruegos.
Tuyo es mi cansancio después de hacerme tu cuerpo
y quedarme en ti, respirando tu voz sin tiempo.
Este mortal amor tuyo parece eterno.
Vivimos juntos, huérfanos,
comemos lo que se está cocinando,
dormimos entrepiernados
con los brazos entumidos por el peso muerto.
Me visto a diario con tus deseos,
nos confunde el portero del edificio,
el vecino y la señora que hace el aseo.
Si enfermas, no hay medicina que prevenga,
en dos o tres días también estoy enfermo.
Me duele la cintura por el peso que traes dentro,
tengo antojos y mareos y náuseas y miedos,
tanto que a veces no sé qué tengo.
Todo se revolvió en un beso. De ti lo sé todo,
hasta tu mirada perdida
sólo yo sé dónde la encuentro.

POEMA QUE DELIRA

En mi búsqueda constante de Dios caí en tus pupilas,
tratando de vencer la muerte escribo estos versos
que son principio y despedida.
Si fuera pintor te habría pintado Monalisa.
Pero no soy más que un poeta triste
preocupado por el aire, las ramas,
el control y la medida.
Soy el navegante y tus brazos la nao
que me cruza de una a otra orilla.
Me descubro en tu cuerpo, gestos y manías,
con cada palabra de retórica no aprendida
al platicar como dos amigos que de veras se estiman.
Me gusta decirte adiós,
cada vez me das mejor bienvenida.
Estás a mi alrededor,
me proteges como al cactus sus espinas,
no necesito del agua, eres tú quien me da vida;
ni del aire, es tu humor lo que mi piel respira.
Te odio, con la fuerza de este amor que delira.
Si no fuera poeta, yo sé, no te comprendería.
Si no fueras locura, tampoco serías mía.

TU ESPACIO

Me gusta quererte de día,
recordarte en la cama, soñando que dormías.
Repasarte como las páginas de mi lectura preferida,
cuando se me juntan los asuntos de oficina.
Me gusta la mañana, despertar revueltos
con mi pie en tus costillas,
con mis brazos cruzados en tu pecho
y mi muslo entre tus muslos, con sudor de cobija.
Dime que me quieres cuatro veces seguidas,
repítelas otra vez,
antes de que escuches a mis manos decir que eres mía.
Te quiero porque eres una lección no aprendida;
me estudio en tus ojos y escribo planas interminables
en el libro abierto de tu vagina.
Estás hecha de arcilla, amasada con agua de mar,
sabes a sal; hueles a huerto, a caldo y a cocina.
Tú eres mi casa y habitas mi morada tranquila.
Eres como mi madre, porque me diste vida.
Eres mi mujer y yo soy tu espacio, mi niña.

ERES COMO LA NOCHE

Eres como la noche,
cobijo de todas las emboscadas.
Puntual en tu seno me esperas
como el doce al segundero.
Tan profunda como una botella,
callada como una espera.
Ligera como un sí,
absoluta como un no,
inocente como una piadosa mentira,
dulce como el final de una cinta.
Tienes en tus manos la fuerza perdida de las mías
el abecedario de la lluvia en tus labios melodía
y en tus muslos converge el final de mi huida.
La escalera de tu cuerpo tres descansos tiene
y me gusta subir a rastras,
quedarme en cada uno... mirando, mirando.

LECTURA EN VOZ ALTA

Me obligo a leer, como me obligo a quererte.
A veces te siento lejana,
como una palabra que no entiendo
y en el diccionario tengo que buscarla.
Otras, te siento tan cerca,
quedito en mi oído repites un verso
que mi memoria guarda.
Seguro ya existías, en el aire, en el agua, en las ramas.
Yo no te inventé,
eres eterna y exacta como la luz de la mañana.
Si fuera escritor, te escribiría un poema,
comenzando con tu nombre, con la T de Teresa.
Pero tengo lectura atrasada en el buró de mi cama.
Ojalá fueras un libro
y me esperaras abierta en la página que dejé marcada.
Te podría llevar conmigo a donde fuera,
bajo el brazo, en mi bolsillo,
justa y blanca bajo la yema de mis dedos tibios.
Te leería en voz alta,
memorizando de tu entraña sus secretos;
empezaría por el índice,
el ABC de toda búsqueda humana.
Entre líneas descubro las reencarnaciones de tu alma
y termino de soslayo la fe de erratas.
Me obligo a escribirte
para no dejar que mueras,
como la palabra en mi garganta.

LECCIONES DE AGUA

Busco la orilla de tu pecho,
a nado sostenerme en el estanque de tu cuerpo.
A veces te confundo con el agua de los vientos,
rápida como la luz también bajas del cielo
y estoy esperándote como el niño al tiempo,
cuentas los segundos gotas a gota,
lagrimal gotero de tus ojos desvelo.
La brazada no me alcanza para llegar a tu cuello.
Es un mar de olas quietas tu vientre de espejo
donde me miro y me desconozco,
es mi otro yo que te está queriendo.
A nado me acerco,
emerjo de entre tus piernas para sobrevivir,
necesito el aire de tus cabellos,
la sal de tus labios para flotar al primer intento.
Me busco en tus ojos, me sostengo de tu nariz,
pero cierras tu doble universo
y otra vez quedo náufrago, sin puerto.

TUS PIES

Amo tus pies,
las huellas húmedas de tu planta esquiva,
peces de luz que en la sombra anidan,
sostén de tu cuerpo, raíz del árbol de la vida.
Llévenme detrás,
haciendo camino bajo el sol de mediodía,
atravesando marzo,
bajo sus plantas las margaritas.
Me gusta recoger tu sombra,
la que pisas, la que tu imagen desdobla,
la otra que es como tú, pero sin marfil sonrisa.
Levantarme de tus pies,
súbeme por tus corvas a tus muslos peces erizo,
voluntad del aire, a veces anfibios,
y desnudos y blancos y sencillos como lirios.
Voy a esperar a que vengas y te quedes conmigo,
quieta sobre tus pies idénticos, fríos.
Con la oreja sobre el piso,
escuchar los quejidos de tu peso erguido,
con paso de luna llena sobre un mar tendido
y remar hasta la orilla, lento, suave,
hasta el borde de tus labios fijos.

PALO DE CIEGO

A Eugenio Valle

A tientas busco tu voz para nombrarme.
Tienes el timbre del viento
al romper el agua en el cielo,
gota que vuelve a la tierra del silencio.
Refugio en el que estoy
sin ser yo el que está dentro.
Me comparto, te completo,
un instante tuyo en tu cuerpo.
Nos encontramos en tu vientre,
playa de los muertos,
sepulto mi esqueleto,   hondo,
pasan horas,
días que son años bisiestos.
Me desintegro, soy arena
bajo la sepultura de tu peso.
Inventas ruidos para buscarme
con los labios de tu cuerpo.
Me vengo sin nunca haberme ido.

EL REMEDIO

A las tres de la mañana apareces,
no a las dos ni a las cuatro.
A las tres te levantas de entre los muertos
para decir: «no tengo sueño, voy
por leche con miel para seguir durmiendo».
Puntual me desvelo, niña de los vientos,
cierro ventana y puertas,
no escapa un soplo de tu aliento.
Me sé en ti, te pertenezco,
nos reconocemos en la oscuridad,
te palpo como a un objeto,
te siento como al tiempo,
sé dónde tocarte, dónde esconder mi miedo,
dentro de ti no hay espacio pequeño,
me salvas de la muerte aunque esté quieto.
Despiertas toda a las tres de la mañana,
para juntos seguir durmiendo.
Pozo de agua tu cuerpo,
caigo como piedra al fondo,
apenas un gemido es tu silencio.

DULCE COMPAÑÍA

Nos quedamos solos esa mujer y yo.
Avanzada la noche nos buscamos,
más allá de las sábanas
calientes como mano,
sudando al colchón
deshidratados.
Apenas veo su perfil,
y en su aliento
mi nombre pronunciado,
cada letra me busca
con pausa de espasmo.
Cuerpo mío que no tengo
cuando estoy en tus brazos.
Me llevas por caminos
que ya hemos andado:
tu oscura espalda de noche
bajo mis dientes de invierno,
tu doloroso seno izquierdo
al ritmo de cinco dedos.
Te beso otra vez
creyéndome sediento,
una y otra vez
hasta sentir mis labios ajenos.
Soy en tu cuerpo
lo que nunca he sido:
hombre completo.

Hablo contigo, largo,
los dos en silencio
y murmuras apenas
un te quiero, con los labios quietos.

ANATOMÍA ESPEJO

Teresa mis ojos.
Teresa tu imagen.
Teresa mis piernas.
Teresa tus pasos.
Teresa mi boca.
Teresa tu fuego.
Teresa mis manos.
Teresa tus senos.
Teresa mi piel.
Teresa tus dedos.
Teresa mi vientre.
Teresa tu lengua.
Teresa mi cuerpo.
Teresa tu fuerza.
Teresa mis venas.
Teresa tu labios.
Teresa mis huesos.
Teresa entera.

PAN NUESTRO

Definitivamente uno es lo que come.
La sal al final del día,
el trigo de tu cintura,
tus uñas granos de elote.
Tu puño es una naranja,
cinco gajos tus dedos.
Busco la dieta suficiente
para saciarme con un beso.
Olor recién resucitado,
el hambre me despierta el deseo.
Semillas de girasol
nutren tus cabellos.
Cáscara de tiempo,
hojas que envuelven tu cuerpo,
maduras para mis manos;
te desnudo hasta los huesos,
te entretienes en mi boca
un momento.
Gula de tus sentimientos,
carne blanda de tu seno,
abres tus labios
para dejar crecer al silencio
y a fuego lento beber a sorbos
la jamaica hervida de tu sexo.

EL SURTIDOR

Dame un cáncer de colon,
cirrosis hepática,
hemofilia por los ojos.
Un marcapasos para escuchar
mi pulso cardiaco,
fiebre amarilla
o del color que Tú decidas.
Dame un sueño en coma,
arráncame la lengua,
atragántame de hematomas,
quítame despacio la vida.
Dame un llanto fácil
como el niño que apenas siente miedo.
Una noticia de nota roja
donde lea mi nombre atropellado, aprisa.
Dame una oración infalible
para anidar en Tu oído perfeccionista,
y otros huesos para volverlos a pelar
en mis rodillas.
Qué poco me has dado, Señor,
apenas una escoliosis congénita,
unos quistes de amibas,
y una válvula bivalva que no pasó
de ser taquicardia.

Qué poco me has dado, Señor.
Te digo que me falta,
como al pecho el abrazo,
como los veinte dedos
a la planta de los pies.
Te digo que me falta esa mujer.

RETRATO

Ninguna nariz como la tuya.
Mitad de tu rostro.
Perfil de iguana.
Abolengo de estatua.
Alta como alas.
Recuerdo de la Madre España.
Puente de porcelana.
Pretexto para el aire.
Tercos mis ojos a tu cara.
Aromas a tus pies de lirio.
Desquito mis olores.
Axilas buscan su horizonte.
Sudor de jornaleros.
Hueles mi celo.   Cada noche.
El humo de mi sexo.
Oxígeno de mis brasas.
Ajena como un retrato.
                        Abstracta.

CUATRO ESTACIONES

Tú eras el sitio
donde se sacrificaban voluntades,
la cuesta que la piedra
sube para hacer montaña,
el aire que encuentra
oficio en el silbido,
hojarasca tierna
que habita eucaliptos.
Lágrima que nace
de las pupilas del agua y
cuesta abajo hace manantiales.

Movida por el aire,
cubierta de pétalos,
inquietas esperan
la primavera hoja y talle;
luz de fondo para el que
nunca ha visto nada,
oscuridad que en tinieblas palpa.
Saliva que entre dientes agoniza,
yo esperaba el sí de tu palabra
y tuve que sentarme a dejar
que el invierno pasara.

QUÍMICA CUÁNTICA

No entiendo las ecuaciones de segundo grado,
ni la aritmética aplicada,
ni el álgebra lineal,
menos la regla de tres.
Ya olvidé las divisiones con decimales
y algunas tablas de multiplicar.
Si uno más uno son dos,
¿por qué al sumarme contigo
fuimos resta de voluntades
y de tiempo perdido?
Quise resolver la mecánica de tus fluidos,
la lógica de tus antilogaritmos;
me enseñaste que mis dedos no sólo
servían para contar del uno al diez;
me diste los días de la semana,
las noches de química entre
tu cuerpo y mis ganas.
Pero a mi edad, mujer, aún no entiendo
las matemáticas de tus palabras.

MI SER

Soy el resto de una gran llamarada,
de un fuego pasional
que al consumirse quedó en brasa,
menos que carbón, casi polvo,
pedazo de alma
que ya ni el aire puede provocarla,
sin luz en las entrañas.
Soy brasa humeante,
sin voluntad, sin ilusiones, sin nada.

ÁRBOL DE LA VIDA

*Descubriendo los inicios de mi espíritu
brotas. En ti, comienzo.*

Juan Pablo Vasconcelos

I

Quiero morir con una muerte ajena,
la tuya, la que tienes que vivir,
se esconde tras de tus ojos
y a diario ve desde tu mirada.
Abre tus manos, mírate en mí,
como yo te estoy viendo.
Somos mitades
que se funden avanzada la noche,
cuerpos encontradizos
que tiemblan con el soplo del aliento.
Tierra fértil donde nace la vida
cada noche que muero dentro.

II

Eres habitación vacía con puertas paralelas,
espacio que respira el aire de la luna,
sin gravedad, a donde llego cada noche
y muero con la muerte que quieres darme,
dentro de ti, de tu espacio;
cierras las puertas con dos filos enrojecidos,
quitas más de lo que has dado, me cortas en pedazos,
me arrancas el oxígeno en breves espasmos.
Soy tuyo, tu cansancio, tu vientre de piedra,
cimiento de los años, raíz de mis pensamientos,
te sé como a mis manos,
te subo como a un árbol.

III

Vas delante de mí, te sigo los pasos,
espero tu cansancio, des vuelta, mires
y me recojas donde me dejaste,
como semilla, envuelto en la tierra voy creciendo
y te cubre la sombra de mis brazos.
Estoy cansado de ser tiempo,
que en mis hojas se sostengan vidas ficticias,
ser el brazo del suicida;
la manzana cae y rueda tan aprisa como el mundo.
Nací del barro y he crecido tanto
que sostengo la bóveda de los sueños,
el espejo del tiempo.

IV

Nací de tu vientre y perteneces a mi costilla,
y a tu vientre vuelvo cada noche
a completar el ciclo de la vida,
a quedarme entre tus pliegues,
no he dejado de ser semilla.
Eres tierra ociosa que me devora
al centro de un espiral que no termina,
crezco, me multiplico, me detengo y miro
que ya he muerto otras veces
y dejado otros nombres escritos
en la corteza de mi costado.
Bajas de mí, como si fuera un árbol.

V

Tú llamaste a las cosas por su nombre,
las hiciste tuyas cuando no eran de nadie,
cogiste mis ojos como luciérnagas,
con ellos encendiste tus senos.
Tú lo sabes todo, pero ignoras que lo sabes,
tienes el pan de cada día
yo las noches y su hambre.
Arrúllame en tus brazos como el niño
que nunca fui, enséñame otra vez
lo no aprendido. De tu mano
me dijiste esto es un árbol, arriba está la noche
y yo soy el rincón de tu cansancio.

VI

Me enseñaste a caminar con tus pasos
a sentirme inquieto al escucharte decir:
«no sé qué tengo, siento algo».
Ayer esperé largo rato,
que vinieras del campo,
apretando soles en los labios,
bajaras de las ramas donde habías trepado,
tuve que cortarte como a un durazno,
abrirte como a una fruta,
te desjugas al tocarte
como a un racimo de uvas beber
tu sudor fermentado.

VII

Cuando estoy contigo mi lecho se tensa,
la humedad de tu tierra hincha
el tronco de mi árbol.
Lo hace espeso para tus labios,
creerse pájaro y volar hasta la atmósfera del tiempo,
donde el tiempo ya no es pasado
se mide por el hambre, por el sueño
al decir, tengo amor, déjame darte.
Me asusta la oscuridad de tu piel,
voy a encender un cabello para asomarme,
entrar como día en la carne de tu noche,
me devoras como el párpado al instante.

VIII

Sostenme para no caer antes del alba.
Eres leño vulnerable a la mirada,
no puedo dejar de ver tus ojos de agua,
se consumen, se evaporan,
arden mis manos tu desnudez,
mis dedos fuerza de brasa.
Mi pecho de tierra es volcán,
mi vientre lienzo de magma.
Encuentro la oscuridad de tus ramas,
me vacío en tu espalda baja,
sobrevives a mi tala, cada noche
vuelven a brotarte hojas como ganas.

IX

No hay nada mío que no sea tuyo,
pedazo de ti que nunca debió salir.
Te busco y no me encuentro,
me canso de buscarte, laberinto de raíces
recojo mi cuerpo al pie del árbol a esperarte.
Siempre estoy esperando,
los animales en primavera se aman,
las flores se polinizan con las alas;
yo sólo tengo mis dedos
y marzo al final de mi talle,
el mapa de tus días, el calendario de tus calles
para siempre andar buscándote.

X

Deja ya de hablar, de moverte como aire;
a veces creo que nunca estarás quieta,
de veras no podré cansarte,
pierdo el ánimo, me pierdo al encontrarte.
Busco mis huellas y descubro que me cargas,
caminando en círculos
alrededor de una sombra larga.
Me dejas caer, salgo de tu cuerpo
como fruto de la rama.
Alguien más te está esperando,
alguien me esperará mañana.
Seguiremos buscando tierra fértil para sembrarla.

XI

Hoy llueve amaneciendo,
de tu barro en el suelo no hay rastro,
sólo recuerdos, vida del anciano,
voz del viento que repite lo que ya hablamos,
soy tuyo, tu cansancio, tu vientre de piedra
cimiento de los años...
tierra que tiñes con la sangre de tu ovario,
cada mes dejas rastro, te desprendes de ti,
vuelves a nacer como nido de pájaros.
Deja sostenerte en lo alto de mis brazos,
encontrarte en la semilla de una fruta que crece
hasta convertirse en árbol.

XII

No hay más, sólo hojarasca,
el viento encuentra su paso,
la herida cansa. Duele tu huella en mi costado.
Recojo sentimientos, mi cuerpo y sus pedazos,
cobijo de insomnios, duermo en la tarde del pasado
bajo un cielo mustio, espero, mientras
el tiempo busca pretexto para engañarnos.
Amontono los días, arden los años,
la ceniza abona el vientre de la tierra,
otra mano te siembra, otra me cultiva,
seguiremos buscando la sombra que proyecta,
la raíz que sostiene el árbol de la vida.

. . . .

XII

Giras en torno a mí,
me descubro para tus manos,
me desprendo los músculos,
hielos temporarios.
Morir contigo a diario,
dejarme escurrir gota a gota,
filtrarme en la entraña de la tierra,
raíz que busca hacer sombra,
ilusión que se desboca en agosto,
sólo charcos tendidos en las calles,
el agua no encuentra su cauce,
nido de ajolotes.

XI

Nos talamos uno al otro,
no hay campo ni hojarasca,
no hay luz apoyada en las ramas,
ni árbol que trepar;
la hiedra en el poste se entretiene,
la luz es de cristal,
el sueño se dilata, no llega,
nos encuentra la mañana
en mapa de calles sin salida.
Me veo en tus ojos, me sé ajeno,
soy el otro que buscas con mirar obseso.
Sin decirte nada, tú sabes que te quiero.

X

Hay que salir a la calle
buscar a la mujer que amas,
encontrar tus pasos
o la muerte en la esquina de tu casa.
Rostro deslavado, no hay luz que te ilumine,
no hay tiempo para medirse;
no hay nido de pájaros
ni azul que se enrede en sus alas.
No hay agua para beber
ni tierra que se enlode con sus ganas.
Se detiene la luna en las charcas, un instante,
se sabe agua estancada.

IX

Te encuentro en el patio de tu casa,
vientre soleado, resequedad salada,
me tiendo a la oscuridad de tus ramas.
Camino a tu cuarto, me asomo,
no hay luz ni aire ni ventanas.
Cueva original. Flautas
penetran el laberinto de mi oído.
Me hago pequeño para entrar en tu espacio,
me guardas como si fuera un niño,
semilla que busca dentro
echar raíces,
manantial de vida es tu ombligo.

VIII

En la calle se encuentra el acertijo,
caminar, no importa el rumbo
sino cumplir un destino,
hacer árbol. Árbol
de plástico, frutos de aluminio.
Dices adiós desde un punto fijo,
todo gira en torno a ti.
El anciano busca sus dientes en la sonrisa del niño
y ruega por que la muerte lo encuentre dormido.
Hay que matar los sentidos,
la música ya no es de cuerdas, ni de alientos,
el sordo no tiene oídos.

VII

Hay que salir a la calle,
tropezarse con uno mismo,
verte en un escaparate,
descubrir el rostro del enemigo
y un mudo claxon que grita con permiso.
Espera en tu casa al ladrón,
la mirada inquieta del vecino,
los cobros de tus excesos
o el vendedor de Biblias donde la culpa
de los padres la pagarán los hijos.
No hay que preocuparse por sembrar,
las pizzas y las putas también llegan a domicilio.

VI

Abrir las piernas es soltarse,
el hueco de tu cuerpo es tronco vacío,
descarnado aroma que engaña mis sentidos.
Acabaremos por embotellar el aire,
respirar un suspiro,
rezarle al dios de nuestro egoísmo
y en la parroquia comprar milagritos.
Tirar la sangre por el caño,
no es abono para la tierra,
el árbol crece más lejos del sol,
pálidos brazos sostienen mi espera,
construiré una casa para abrirle las puertas.

V

Tus hojas me tocan como dedos,
a tientas me acerco, te rodeo, piel rugosa,
tu cabello de nuevo es tu perfil,
enredadera de silencios,
voz que ya no sabe repetir:
«yo soy el rincón de tu cansancio,
sube, te guardo para mí».
Te alejas sin dejarme,
tierra sin agua, entre manos se deshace.
Busco tu nombre en mi costado,
si vives aún es porque yo morí
de la muerte que quisiste darme.

IV

Recógeme un día sin calendario,
una hora sin reloj para citarnos:
te espero a las cinco de la tarde
cada sol de verano.
A las cinco en punto de la tarde
te busco al pie del árbol.
Sigo la vereda, acorto distancias,
la espalda del tiempo me sostiene,
te sabe bendecida,
todo cambia: ahora lo sagrado es de risa;
desde la primera noche del mundo
se empezaron a vender las niñas.

III

El silencio no habla con palabras,
labios mudos, garganta sin voz,
aves emigran sin rumbo.
Juntar los párpados, saber que no duermo,
insomnio de tu cuerpo.
Llenar espacios,
estar dentro es morir a cada rato,
desprenderse de uno mismo, suicidio involuntario.
Las heridas buscan puñales,
los coágulos del muerto no se desangran,
hay que enterrarlo hondo,
a ver si retoña un brazo, un ojo.

II

Subir hasta la bóveda de espejos,
el árbol que nos miraba ya no tiene vista.
No hay quien mueva el aire,
ni hojas que se exciten al rozarlas,
ni amor en la mirada;
los instantes vuelan como pájaros,
la fruta se pudre en las ramas,
la tierra se calienta, cambia,
se pinta de color naranja.
Busco del miserable su bendición,
la mano sobre la cabeza del infante
y una mañana que amanezca sin amarte.

I

Busco el amanecer
y el sol no llega, la sombra del árbol
es cobijo del que siembra.
Busco tus piernas largas, tu andar aprisa;
soy animal en agonía, desollado,
sin uñas, ni dientes de caníbal,
me arrastro por el filo del mediodía.
Subo el árbol, cuento estrías, luz no es todo
lo que brilla. En el pozo de tu entrepierna
beben lagartijas, se aparean aves de rapiña,
y por entre tus labios de piedra verde
nace sin raíz el árbol de la muerte.

ÁRBOL DE LA MUERTE

III
EL ANTIGUO OLVIDO

....

Sin dedicatoria.

LOS POETAS SE ENAMORAN
de un vistazo, de puro olor.
Con el rabillo del ojo.
De un sorbo de café,
        de un trago de vino.
        De puro antojo.
Del movimiento de una mano
        al roce de los vellos.
De los labios
        al entrar y salir la lengua.
De las letras de tu nombre
        al pronunciarlo.

---

* Agradezco a Judith Tiburcio las palabras e imágenes para este poema.

Todos tenemos un sueño.
El de la lágrima es llorar,
el del árbol crecer, donar sombra.
El viento delira por alas
y a la humedad le encanta mojar a las muchachas.
La música respira con la pausa,
mientras el tiempo sin pasado
sueña cuando el niño rueda una canica
y el niño siempre que cae se levanta.
No dejamos de soñar,
aunque a veces el sueño nos gana.

El miedo es tan primitivo
que nadie lo vio nacer,
de la costilla del día crece
y a veces tiene nombre de mujer.
Despierta contigo
y aun siendo sordo habla.
Si tiene hambre
te come las entrañas
y espera en el fondo de tu alma.

MUERTO NO SÓLO ES QUIEN NO RESPIRA
o al que sepultan bajo tierra,
a quien olvidan.
Morir es más que un último deseo.
No esa luz al final que apenas vemos,
ni el corazón inmóvil,
ni es la herida la que mata,
es el silencio.
Criminal no sólo es quien asesina,
culpable también el que abandona.
Muere la palabra en los labios,
matamos a quien queremos
y hasta nosotros
somos muertos que sin saber vivimos.

Que se caiga
déjalo caer
peso muerto.
Que se rompa
como la voluntad.
Suéltalo
      caerá
         al
         f
         o
         n
         d
         o
      intacto
reloj de arena.

Nos aferramos a la luz,
a la imagen.
Los ojos buscan descanso,
por eso miran, hieren con filo,
violan como el sonido.
Descubren orificios
y vergüenza por el desnudo
que los ha visto.
Tienen pies y andan por el piso.
Como sombra se levantan,
más que el aire si te asomas.
Llegan hasta la frontera del párpado,
si se nombra.
El mundo se acaba al cerrarlos,
como si nada existiera.
¿Qué contaría el ciego al preguntarle
por lo que no ha visto?

Hay palabras que no se pueden escribir,
se dicen en el momento justo, al oído,
húmeda voz que se confunde con el vaho
que eriza el cuello.
En silencio delgado, tan hondo
que ni el abismo de la entrepierna
es igual de infinito.
Busco la frase que diga lo que por ti siento,
el verbo que describa el amor.
Pero son tan gastados los que tengo.
¿Cómo decir que eres
mi justo equilibrio?
Hay murmullos que mueren
en los labios si otros apenas los rozan,
y muerden y succionan y los llevan tan adentro
que las palabras buscan otros caminos para llegar.

Sólo tú sabes que te quiero
y no necesito decirlo
porque tú adivinas mi sueño.
Te lo dicen mis instantes cuando te peleo.
Entre más necio me pongo
te lo repito.
Al ignorarte es cuando más te quiero,
y si no te busco
es porque contigo despierto.
Tan fácil que sería decirlo,
pero mejor que sea nuestro secreto.

TE RECUERDO
como las primeras noches
de mi adolescencia,
con las manos ávidas
y el ansia enorme
por llenar resquicios.
¿Qué tienes tú
que yo antes no haya tenido?:
los brazos de la Venus de Milo,
o el busto de Penélope arrojándose al río.
Iguales piernas de Atenea
para subir al Olimpo.
La estatura simétrica
del David confundido
o el trozo de tiempo
que te esculpe el rostro
sin golpes de martillo.
¿Qué tienes tú
que yo no encuentre más,
amor mío?

HAY QUE ESTAR SIN MUJER,
sin amigos, sin hijos,
dormir sobre la tierra que envuelve,
buscar refugio como penetra el agua,
hacerte ligero, delgado, vapor que viaja.
Uno es sólo lo que alcanzan los brazos,
lo que miran los ojos página
tras página.
Lo que sueñas cada noche
y olvidas cuando te levantas.
Hay que estar un mes en vigilia,
de veras a pan y agua,
descubrirás milagros bajo la cama,
voces sin palabras.
Busca en el diario tu esquela,
nadie se ha preocupado por enviarla.
Flama que apenas se levanta
ya se siente llamarada.
Uno también tiene pabilo
pero alguien le nombró alma.
Hay que estar con la mano en el sexo
midiéndote las ganas.
La voluntad pesa como ligeras alas.
No hay como el vuelo del viento,
el color del cielo a las cinco de la tarde.

Nada, no cuesta nada estar en vigilia
sin mujer, sin amigos, a pan y agua;
tendrás la luna al alcance de tu mano
y verás a Dios contigo,
donde quiera que te halles.

Tarde he llegado a todas las citas.
He faltado a mi palabra. He mentido.
No he sido digno del sol
que me despereza.
Hundí todas las dagas que tuve a mi alcance.
Guardé silencio cuando debí afrontar.
Culpé a otros. Traicioné.
Jamás me arrepentí,
las horas se me fueron en mirarme.
¿Me amaron?
Pero nunca lo suficiente.
No atendí consejos. No valoré
la flor más sencilla.
Y he cometido el error más grande:
no supe ser feliz
cuando era oportuno enamorarme.

Ellas siempre caen de pie.
Las mujeres se abren como puertas,
se mojan como agua,
florecen más que la tierra.
Son el pan de cada día,
son también el hambre.
Inventaron la noche
porque nada es suficiente,
inventaron el amor
para llamarlas por su nombre.
Mujer, a veces creo que ni el tiempo
puede darte alcance,
te inventas a diario,
te alargas delante como la sombra,
adentro, como el caracol te formas.
Me busco en ti cuando me pierdo,
soy otro cuando me tienes.
Todo gira a tu alrededor
y tú sigues sin moverte.
Si quieres volar, sientes alas.
Si quieres cantar,
un árbol se mueve en tu pecho.
Esperas, no sabes qué,
pero siempre sabes cuándo.
Infinito reloj de arena,
puntual a ti llegas.
Naces de ti misma. Eterna.

Alta como los pájaros.
Grande eres, más que la casa grande,
más allá del viento que la rodea,
el aire que se asfixia puertas adentro.
El largo abismo se compara
con tu caída. Fácil como el ojo,
eres mía hasta donde la vista alcance.
Al mirarte cerca, cubres el sol
de tan real que te haces.
Tamaños ojos para verte, desde
arriba, más que el vértigo,
te subo como a la montaña rusa.
Si te volara no pararía de cansarme.
Grande eres, como los eternos viajes
que no se hacen.
Cueva en silencio
cuando a oscuras te abres.
Te distingues como la especia
y te mojas toda,
más que la tormenta.
Profunda como el agua honda,
apenas un dedo te alcanza y ya
te estas yendo sin dejarme.

No tienes a dónde ir
ni más nadie que mejor te guarde,
que este cuerpo mío,
para tu cuerpo   grande.

Acostada eres un *cello* en reposo
Tu sonido es de cuerdas,
en tus párpados hay notas,
risas de piano se asoman por tus ojos.
Sonata de pájaros en fuga.
No necesitas decirlo:
pulsas música al moverte.
Si te distraes, el mundo se silencia todo,
vuelve a afinarse. Lo sabes,
pero sigues en tu andar
como si nada.

Te levantas lo mismo que el sol,
iluminas tus pasos
y todo crece a tu alrededor.
La primavera de tus labios
es apenas el comienzo.
En tu *vientreverano*
hay un resplandor de tiempo,
un venero donde beben los ciervos
y crece la hojarasca
y el invierno es incendio.

Gira sobre sí mismo
a punto de acabarse.
Pudiera decir que baja, que sube,
constante que termina
y comienza donde acaba.
Se acerca tanto cuando se aleja.
No para de girar exacto,
cada repetición es el mismo tiempo nuevo.
Parece despeñarse dentro.
Sintiéndose fruta se desangra.
Erguidos caracoles de luz,
lo ve todo en curvas
y nunca termina de mirarse.
Cada vuelta es un instante de vida
que apenas comienza.
Como el círculo del reloj,
se hace sin darse cuenta.
Se mete por el puño de la entrepierna
por el rosado caracol de la garganta.
Cuerpo de mujer
que desde adentro se levanta.

SOBRE UNA PARED BLANCA
se fusilan los amantes.
Primero se miden con la mirada,
se pesan uno al otro, se pulsan
y al final se reconocen.
Entre todas las gentes que hay en el mundo,
los amantes acortan distancias.
Tienen un destello que nadie más ve
porque no es de luz ni a voluntad.
Los amantes escuchan música
al final de la tarde.
Se huelen por partes,
se distancian para volverse a mirar
y de pronto se sienten vacíos y tristes.
No creen en la inmortalidad de las cosas.
Se despiden para reencontrarse.
Nada saben del grito que los hizo hablar,
se enfrentan al miedo, resisten,
son prisioneros de sí mismos.
Los amantes no viven tiempos de paz.
El beso es una lucha constante,
la caricia es dolor.
Se agreden con miradas de silencios,
con dos o tres descargas blancas de metralla.
A ojos cerrados y manos llenas
libran defensas perdidas.

Los amantes se duelen.
Impacientes se dejan llevar
por impulsos de sangre.
La batalla es a muerte.
Usan armas que nadie conoce.
Flecha que penetra el escudo de la carne.
Instante de asfixia.
Todo es peso muerto por todas partes.
De madrugada resucitan.
No hay tregua. La tregua es el fin de los amantes.

¿CÓMO SERÁ LA LUZ
vista a través de tus ojos,
de la membrana finísima
de tus párpados,
que separan la realidad y la noche
con un golpe de pestañas?
Del abrir y cerrar de tu puño
que golpea mi pecho
cuando te invoco.
Descansaré mi mejilla en tu palma
para ver el mundo
entre la abertura de tus dedos.
¿Cómo será la luz
vista desde lo alto de tus pezones?
Desnuda luz que nace
en el ciego sol de tu ombligo
al echar sobre tu cuerpo
la oscuridad de mi peso.

Los labios son nómadas.
Buscan horizontes perdidos,
andan con pies de plomo,
dejan huellas breves,
húmedos hilos,
transparente rastro enrojecido.
Hallan rincones,
son tímidos
caminan juntos por miedo a los abismos,
a rastras   a tientas
a ojos cerrados saben el camino.
Se disfrazan de rosa profunda,
hablan con voz de niño,
juegan con el caracol y la piedra,
duermen al insomnio del río.
Llanura de silencios
el blando respirar de tu ombligo.

Eres más hermosa tú
que cualquier vestido.
No necesitas trajes ni afeites,
nada que disimule tu cintura,
la herida de tu busto,
tu andar de río.
No te vistas para amarme.
Olvida las medidas,
la mezclilla, el sostén
(que no necesitas).
Respiraré la voluntad de tu cuerpo,
olores que a ciegas, a sordas encuentro.
Más hermosa que el algodón
en trama de infinitos hilos.
Desnúdate los colores, las distancias,
quita la sombra que nos separa,
soy la talla justa de tu instinto,
no te sobran ni mis manos
ni mi ansia, a tu medida,
mis centímetros.

Desnuda eres de cera,
vulnerable, pálida
como una mirada de espanto.
Hecha apenas con el trazo de dos líneas,
el frío de la noche es recurso para tus pezones.
Desnuda eres paisaje de invierno
tras la ventana.
Sabia igual que el silencio
se guarda para tus labios,
apenas lo pronuncias y ya está sonando,
habla de tregua, huida de pájaros
hacia otra mañana.
Desnuda no disimulas,
las flores de tu cuerpo
parecen lunares o violentos pétalos.
Sólo te visten tus cabellos
y tu sonrisa es una joya
que envidia el tiempo.
Desnuda eres como el filo del cuchillo,
peligrosa,
cortas la respiración.
Tienes una mirada que desconozco,
sólo la he visto dos veces,
en mitad de tu deseo,
al final de mi agonía.
Desnuda inventas juegos imposibles,
desnuda vuelves a ser niña.

TUS LABIOS PESADOS COMO MUSLOS
y tus muslos húmedos como labios
se abren para dejarme
crecer en tu interior,
y apoyarme en ti
sin lastimar tu sombra
(como la noche
se posa sobre tus párpados).
Sentir la tensión sudorosa
de tus músculos,
el pulso continuo
de mi verbo
hasta quedarte cerca, justo
sin que sientas que soy otro.

Urgencia de ti,
mis manos de las tuyas.
Del silencio de tus labios,
de tus vellos, rebeldes como risa.
De la humedad de tus muslos
en el sueño, asfixiar tu vientre
como si fueras a caerte de mí,
      hinchado
más allá   dentro
hasta que no soportes mi sexo.

Tu olor, mujer,
no es hojarasca al fuego,
ni humor de primavera,
ni almizcle y yerba santa,
no es refugio de cocina.
Cierro los ojos y lo tengo aquí,
en el horizonte de mis besos.
Me suena por todo el cuerpo
y cosquillea en mis manos.
Eres la brasa humeante del hechizo.
Eres la uva, luego el vino,
tienes sabores en los labios
que no distingo
y aun a la distancia te respiro
(flor de domingo).
Me suda tu recuerdo
al buscarte en mis páramos
y de nuevo tu olor, mujer,
levanta mi deseo
como una torre de veinte siglos.

Yo no creo en el amor
que me cuentan los poetas,
en el querer apretado de los que aman
como si cumplieran condena.
Te miro con mis ojos redondos,
como si fueras agua sedienta.
Mi estómago me dice que beba,
te exprimen mis manos,
como si de veras lo fueras.
A diario inventamos el amor:
con palabras que no entiendo,
que me traducen los augurios de tu voz,
el silencio de tus ojos si me besas,
la humedad de tus antojos
y la sangre que satura mis venas.

PEQUEÑO DIOS QUE SOY
cuando te invento,
te pongo ojos profundos,
luz en cada rincón de tu cuerpo.
Grandes labios para nombrarme,
murmullo de voces en tu oído.
Delgado cinturón de hambre,
apretado talle. Lento parpadear
de piernas cuando te acercas
y mirarte poco a poco es mi silencio.
Tiendo mapas en tu andar,
relámpagos para iluminar tus orillas
donde nadan peces sin agua,
sin escamas. A ti
te invento una tierra prometida,
para que le pongas la luna
del lado que quieras mirarla.
Perfil de manzana.
No tienes pasado,
cada día eres otra,
te pones el nombre que quieres,
me lo dices cuando callas.
Toda noche te reconstruyo,
perfecta, hecha de un instante de mí.
¿Para qué quieres alas si eres de aire?

Como la nube, buscas el firmamento,
subes y subes y subes
cuando todo yo me tiendo
y a palmos te mido,
descubro otro rincón para quedarme.

Eres mi tierra, mi mujer.
Los hijos que tendré
tú los tienes ya,
caminan por tu cuerpo
desde que eras niña
y yo apenas sabía hablar.
He de llegar a ti con mi vida
hecha de toros de hierro,
arrastrando sonidos
derribando catedrales.
Sobre tus sienes construiré mi casa.
Sobre tu senda seguirá mi camino
y hemos de seguir juntos
a pesar de todo,
ni lo digo yo ni lo sabes tú.
A pesar de todo.

EN LA ORILLA DE LAS COSAS
las que tocas.
En la superficie del viento,
en la profundidad de un silencio,
agua quieta.
Más allá de la luz de invierno,
tallo con flor recién nacida
en el vientre de la noche,
a punto de amanecer.
En el relámpago,
sollozo de tus lamentos.
En el guiño de una estrella.
En el refugio del piano,
él llora lo que guardas.
En la caída del tiempo
justo cuando se pierde.
Implacable oración.
En las palabras que apenas dices,
las que nadie escucha.
El aliento del azahar.
En la fruta buena para desprenderse,
pero se resigna a que la toques,
dejas algo de ti que nadie conoce,
que se presiente como la humedad
precede a la lluvia.

Tú lo sabes todo.
El día que naciste fue reventar de esferas,
botones de lotos.
El hielo se hizo agua
para andar bajo tus pies.
Los colores se llenaron de alas,
el silencio habló con trinos de árbol,
no se conformó con el relámpago.
Le diste cara al dolor con un pequeño gesto.
Los años sobre tus hombros
se han ido deshaciendo.
Por laberinto de espejos caminas,
tu imagen regalas, implacable.
Madre de generaciones sin tiempo,
los cuatro niños cardinales
te buscan, huérfanos te lloran,
saben que le diste ruta al viento,
filtros a la lluvia, sonido de cristales.
Un día la serpiente cayó
de tus manos y no quisiste levantarla.
Tú, que sin hablar lo dices todo,
aquí me tienes, atento, esperando.

Nómbrame.
Tú, que le dijiste al mundo: gira.
Que le dices al sol cada mañana: álzate.
Purificas el agua si la tocas
y el viento por entre tus piernas se pasea
para sentir que anda con tus pasos.
Nómbrame.
Con tu voz que aparta cristales.
Uno no es nadie si no se le nombra.
Qué hubiera sido del niño
si no supiera decir: frío, hambre.
Qué sería de la voluntad
si no se le llamara fuerza.
Hasta la cosa más pequeña
necesita escucharse.
Gota de tu pensamiento
mi nombre en tus labios.
Dime: ven amor, te aguardo.

Todo fue verdad,
los días sin horas,
el reloj fijando calendarios.
Mis ojos se encontraron con los suyos,
levantó del suelo mi mirada,
y dijo su nombre como deletrea la lluvia.
Caminó junto a mi brazo,
en silencio, sin herir la tierra.
Estuvo conmigo poco más de treinta noches,
yo esperé más de treinta años
para que estuviera.
Yo lo único que hice fue amarla
por sobre todas las rosas.
Se desnudaba las ropas de aire,
dejando un olor a madreselva.
Peinaba tramas de laurel
y tenía en el pecho dos gaviotas.
La viví brazos adentro,
a ojos cerrados la distinguí por su cuello.
No puedo nombrarla
ni me dejan sueño sus desvelos.
Llegó por laberinto de silencios,
como agua, buscó el espacio de mis dedos.
Días, noches, estaciones,
años bisiestos quedaron atrás.

Fue rápida como el miedo,
eterna como la oruga de seda,
tejiendo redes para asfixiar al tiempo.
Todo fue verdad, como estas palabras
con las que la invento.

Extraviada de mí
te busqué sabiendo que te encontraría
en un libro, en sus pálidas páginas,
en la firmeza de su lomo.
Resumida y exacta en la cuarta de forros.
Hambriento recetario de cocina.
Delgada separadora de lectura.
Sabia diccionario.
Entre luces como libro de arte.
Sencilla y diferente,
única como cuentos egoístas.
Total, poesía reunida.
Te encontré en la novela infinita de amor.
Dama de caballería. Incesante ilusión
alquimista, juegas a ser niña
en el país de Nunca Jamás.
Sin pasaporte ni rumbo,
viajera sedentaria.
Historia universal la voluntad de tus deseos.

No me conmueve
el mediodía de tu cabello,
el diario atardecer de tus pezones,
el recuerdo de la noche bajo tu cintura.
Ni la seguridad de tu
entrepiernapuñobrasa,
ni el frío secreto de mis ganas
duralargamadrugada.
Saber que vuelves
y de nuevo ser el clavo
donde sostenías la mirada.
No me conmueve
ni tu voz que apenas miente
al decir que aún me ama,
ni amarte tanto
cuando olvido que dejé de quererte.
Ni esta oscuridad hecha de ti,
de recuerdos. Refugio de fantasmas.

Por un momento
pero sólo por un momento.
Fue cosa de segundos.
Un bostezo.
Un disparo que hizo blanco
en tu cuerpo oscuro,
calle de parque.
Tan rápido como una estrella c
                                    a
                                    y
                                    e
                                    n
                                    d
                                    o
a tu lado
me sentí otro
tuyo
tres días
un momento
        luego vacío

nada.

QUÉ POCO ME QUEDARÁ
cuando te marches.
Amenazas de muerte
creciendo en los rincones,
enmascarada tú,
gritando los silencios que olvidaste.
La escritura de mis manos
te inventa a cada rato.
Si tuvieras un solo rostro
con ese me habría quedado.
Venero tu imagen
como se vela a los muertos,
idealizando el momento en que llegaste,
con un pulso nuevo,
dejando el tiempo afuera
consumirse a media tarde.
Me quedan insomnios,
no vuelan igual que pájaros,
vivos como la hora pasada
que recoge fragmentos,
pálpitos de sangre.
De tu casa a la mía
hay una distancia de pasos
que se mide en árboles.

No quiero esperar
a que el otoño se levante
y tú no vuelvas y me quede
sin tu voz en el contestador,
sin tus libros, sin todo lo que dejaste.

¿Y QUÉ QUIERES
que haga conmigo todos estos días?
Te siento como un dolor que me reaviva,
me levanta de donde caigo.
Busco en mi cuerpo algo tuyo,
un pedazo de aliento,
un recuerdo rizado de tu sexo abierto.
Una huella de tus piernas pares,
el más ínfimo recuerdo.
Algo de ti, la que mira
como si el tiempo te esperara.
La que tiene voz de niño
y un abismo en la garganta.
Vives en mí como ojera que delata,
(insomnio que dibuja luces en la cara),
como lunar que crece,
cansa como lágrima.
No sé si te he perdido
o estás más cerca a la distancia.
Pero esta noche
te busco en mi cuerpo
y hasta tu ausencia me falta.

NECIA COMO UN CLAVO EN EL OJO
insistes con el mismo juego de azar.
Estás en la ausencia de todas las cosas,
en la mirada del espejo,
en los silencios prolongados de mi cuerpo.
Regresas una y otra vez,
como acertijo que busca respuesta.
La vida se nos fue en mirarnos,
en juntar horas sin calendario,
como luz de brasa
entre las manos.
Suenas a golpe de martillo
a ecos de memoria y olvido.

Con cada golpe vuelves
pulsando más rápido que el parpadeo,
más aprisa que el misterio del colibrí.
Como el instante dentro del relámpago,
como los resuellos de la agonía,
llenos de recuerdos,
y haces llagas a la noche cuando callas
en tu ausencia de días.
Te siento en cada pálpito,
en el temblor de mis labios
al suspirarte.
Hecha del equilibrio de las cosas
hay momentos que a veces te me olvidas
y es porque estoy mirándome las manos.
Te caminé descalzo,
te descubrí desnuda,
con esa vergüenza simple
de saberte usurpada de mí.
Eres la mitad que duele.
Suenas dentro de mi corazón
hecho un enjambre.

Lo que hice fue defenderme,
poner zanjas de tiempo,
muros de distancia
con silencios que callaban gritos de piel.
Estuve vulnerable y a tu merced,
no usé tácticas de guerra,
nada, me dejé llevar,
suicidio involuntario
que me fue creciendo desde los pies,
ganó espacios,
trepó una y otra vez.
Fuiste como un dolor de huesos,
creí en ti a duros golpes de ciego.
Eso fuiste. No un pedazo.
Piedra entera.
Me estoy mirando en ti
y como el espejo, aprendo rápido.
Yo no sabía amar, nunca,
contigo aprendí todo,
a defenderme también,
a sentir con odio.

El escándalo del ruiseñor al suicidarse.
El trágico destino de la amapola.
Los vientos del sur.
El primer retorno a un antiguo laberinto.
El último vuelo sobre los Andes.
El destino que traza líneas en la palma de la mano.
La cabeza del inocente en el canasto.
Los recuerdos de quien se vio morir en la batalla.
La vida inútil de los insectos.
El llanto fácil.
El remordimiento, luz en mi agonía.

Ríndete,
nadie te espera,
sólo estoy yo para el hueco de tu brazo.
Deja que tu voz descubra palabras,
las tienes verticales en tu pecho,
quieren decir no sé
cuántas cosas pequeñas.
Pero si tú no me dices nada,
si no me llamas,
cómo puedo dejarlo todo,
creeré en tu orgullo a cantidades.
Ni venció distancias
ni cruzó murallas.
No te quedes mirando el horizonte
de la vida que pasa.
Contesta.   Habla.
Cualquier pretexto es bueno
para llamar a casa.

Tuyo, como el andar seguro
de tus pasos,
más que el primer canto del niño
(ruido de sonaja).
Voy en tu cuerpo como si no pesara nada
Y sigues en mi pensamiento
como si el tiempo no pasara.
(Amo el instante en el que estoy contigo,
abrazados en la cama).
Tuyo como el grito es de la oscuridad.
Como la venganza de tu asma
al amanecer,
más que el rumor de tu sangre
o la adicción al cigarrillo que te arrebata.
Igual que el tedio del domingo
o las palabras que te guardas.
Tuyo más que la esperanza.

DEJA QUE ME VAYA.
Déjame ir.
   Suéltame.
Abre tu mano,
como si tu mano me cogiera.
Si tú me miras
lo dejo todo. Vuelvo.
Si tú me llamas
me pierdo por los bajos
de tu voz.
Si tú me dices ahora,
tarde se me hace
y otra vez vuelvo,
como tantas veces.
Si te busco
no dejes que te encuentre,
no respondas.
   Desgástame.
No me escuches decírtelo.

Ni tus palabras en silencio
cuando me mirabas.
Ni la risa que un día te escuché cantar.
Ni el vacío de tu cuerpo.
Ni el olor de tus cabellos
o el refugio de tu almohada.
Ni los tibios instantes que te dejaban exhausta.
Ni estos versos que nutren tu ausencia.
Ni tu pensamiento oscuro.
Ni tu nombre
o tus planes a futuro.
Nada fue mío. Nada.

IV
NATURALEZA MUERTA

1

Si supiera que tengo
una enfermedad mortal,
lo primero que haría
sería tener un hijo contigo,
para dejarte asegurada
una pensión de cariño.

2

Quiero tener un hijo contigo, de ti,
de tu vientre apenas tuyo,
de tus ganas infinitas mías,
de nuestro amor
que no es de nadie,
conmigo y de tu sangre.

3

Voy a empezar otra vez
a decir que te quiero.
Volver a sembrar
otra vez, hasta que nazca
un girasol en tu desierto.

4

Cada semana te mido la cintura.
Algo crece como un pensamiento,
me nombra desde tu ombligo
y se mueve y llora y quiere vivir
como cualquier niño.

5

De mi mano te llevo al hospital,
espérame dos días,
ya verás que sales
con vientre a la medida.

6

Ya nació nuestro hijo,
primogénito mío,
tu único delirio,
heredero de tus sentimientos,
esperanza de mi apellido.
Lo llamaremos por su nombre:

7

Niño cáncer,
anda con tus pies de polio,
corre, dile a tu madre:
no te angusties, me guardo
en este frasco de formol
y sodio.

8

Le compré un juguete
a nuestro hijo,
una cajita para que juegue
a las escondidas
del doctor robachicos.

9

Desde que te fuiste
no he podido dormir.
Hijo de su entraña,
espacio que ya no es mío,
estoy esperando que vuelvas
para irme contigo.
Por el caño te perdiste,
y las ratas no saben de arrullos y mimos.

10

Me acuesto a tu lado,
los bendigo.
Busco tus sonidos,
en la palma de mi mano
descansa su cabeza,
arrúllalo en tu seno
vamos a dormirlo,
que no despierte antes
de llegar al limbo.

11

Si me lo permites, cosa,
voy a nombrarte:
bisturí de los desahuciados,
extírpale la muerte
que va naciendo en su vientre.

12

Te operaron ayer,
te dijeron que todo saldría bien.
Te quitaron la matriz
y el cáncer que contigo iba a morir.
Ahora ya no hay más que dos cosas:
vivir, vivir.

13

No tendrás un hijo con ella.
Lo supe apenas ayer, cansado,
me senté a esperar que amaneciera
y tiré por el escusado
un pañuelo con mi esperma.

14

La vida es menos complicada
sin hijos,
no hay llantos ni raspones
ni desvelos.
Mejor sécate la matriz
y deja crecer tu cabello.
El tiempo déjaselo a los niños.

15

Eres madre huérfana de hijos,
tu vientre es un bolsa
que sólo guarda
los orines de la mañana siguiente.

16

Estéril es nuestro amor
aunque cada día nazca
un quiste entre los dos.

17

Si tuviera un hijo contigo
lo llamaríamos milagro,
porque ninguno de los dos
pudo haberlo parido.

18

No tendrás niñas.
Será que te sacaron los ojos.

19

No tendrás sangrados,
ni reflujos, ni cólicos.
No tendrás dolores,
náuseas ni mareos.
No tendrás las tetas enormes
para amamantar varones.
Duerme tranquila, no tendrás
en casa muerte de cuna.

20

De parto no has de morir.
Ni de quistes en los ovarios.
Ni de estrangulamiento en el cuello del útero.
Ni por las trompas de Falopio.
Ni por la fuente rota al final del día.
Ni por placenta previa.
Ni por falta de líquido amniótico.
Ni por enredos del cordón umbilical.
Ni por parto prematuro
tú y yo no vamos a morir.

21

Me duele la sangre,
me sé imposible en tu cuerpo.
No habrá más intentos
ni el más mínimo deseo.
Voz de tu cuello,
labios de tu silencio,
no engendro ya ni con los dedos
ni con los testículos
de mi amor en pleno.

22

Hoy es el juicio de los desahuciados.
Matriz que espera sentencia.
A muerte le condenó la vida.

23

Una tarde te quitaron la matriz
y te dejaron sólo la niña de tus pupilas.
Si pudiera dormir un rato
me llenaría de sangre las venas,
voluntad de mi cuerpo.
Gangrena.

24

Voy a beber un vaso con agua fría
para que me vuelva el alma al cuerpo.
¿Qué te daré, amor, para que te vuelva
la matriz a tiempo?

25

Te quedarás sola,
vieja de ojos hundidos.
Pasarán los años
con mirada pétrea,
se te aflojará la carne,
después de agotar los sueños,
la pesadilla perpetua
de no poder ser madre.

26

De piedra tu mirada.
De piedra tus pezones
y tu vientre y tu corazón
también de piedra. Tu ombligo,
tus muslos fijos. De piedra
tus labios (rubí encendido)
y tu entrepierna
también de piedra.

27

Pobre mujer
prefirió tener perros por hijos
y quererlos como si amar fuera un oficio.
Muchas veces quise ser perro
y asegurarme su cariño.

28

He perdido
a mi padre
y a mi madre,
a mi mejor amigo
y la esperanza de un hijo
contigo.

29

Las heridas se lavan con jabón.
Después de un buen baño,
exprimir y poner al sol.

30

Semilla de mi mujer
te plantaremos
con el sol del mediodía.
Luz, agua, viento, cuidados
de padre jardinero.
Abono de palabras piadosas.
Agua amarga como saliva.
Primer niño que retoña
con raíces de tripa.

31

El hijo que no fue
nos mira desde su frasco.
Rincón que lo sostiene,
repisa que lo eleva
unos metros abajo del cielo.
Luz indirecta que vigila.
¿Qué hacer para que crezca,
será que tengo que regarlo
cada tercer día?

32

A mi edad, mujer,
aún no tengo un hijo contigo,
después de diez años
de fallidos intentos.
Yo rebaso los treinta y tres
y tú los treinta y cinco
de querer tener un bebé.

33

No tendrás niños.
Será que te sacaron la matriz.

V
EL PRINCIPIO

. . . .

Todo cabe en un verso sabiéndolo escribir.

OTRO POEMA DESESPERADO

1

Hay algo que aún no te he dicho
porque no sé si lo resistas,
por eso es que no te lo digo,
para que sigamos siendo amigos.

2

Una vez que te dije te quiero,
sentí que había perdido
y tu silencio me puso a temblar.

3

El que llama primero
es quien más ama, te dije.
Al otro día te marqué,
antes de que tu silencio te delatara.

4

Estos versos, Marisa, los escribí para ti,
pero si crees que no son tuyos, déjalos.
Ya los leerá otra, aunque no sea yo
quien la haga feliz.

5

«No creo que este sea el momento»,
leí en tu último *e-mail* y miré el calendario.
Le quedaban 358 días al año.

6

«Me angustia muchísimo
que esperes cosas que no puedo darte».
Me escribiste.
Sólo te pedía una llamada de vez en cuando
y, bueno, también que vivieras conmigo
te propuse cuando sentí que todo se iba
al carajo.

7

«Espero que me entiendas»,
te despides.
Y yo sigo buscando en diccionarios
esas palabras que no me dijiste.

8

Me extrañará Lucas
si ya no lo sacamos juntos al parque.
¿Qué explicación le darás
cuando otro te acompañe?

9

Te quiero, te quiero, te quiero…
he de repetírtelo hasta que me escuches
o me canse.
Y he aguantado insomnios, ayunos, hospitales,
el metro a las ocho de la mañana,
viajes en camiones de segunda clase.

10

Te entregué todo de mí
además de estos versos.
Pero tú sólo te quedaste con ellos.
¿Será porque es lo único de valor que tengo?

11

A partir de hoy
por fin nos pusimos de acuerdo.
Nunca más nos hemos vuelto a ver.

12

Estarás orgullosa de tus versos, Marisa,
pues no fueron escritos para ti.
Sino para alguien que se te parece mucho.

Hoy terminé mi autobiografía.
Viví 298 páginas.

Dolor mío, mi dolor,
duermes conmigo
y al despertar
contigo me despierto.
A diario te descubro;
ni mi alma es tan mía
cuando me dueles.

Uno nunca está conforme.
Estoy cerca de ti,
independiente y soberano
(isla de mediodía).
Sin embargo,
quiero ser península
en tu costado.

Vete ya, hombre, nos dijimos.
Pero no me escuchó.
Yo estaba arriba del autobús.
Ella en el andén, diciendo lo mismo
con la mirada.

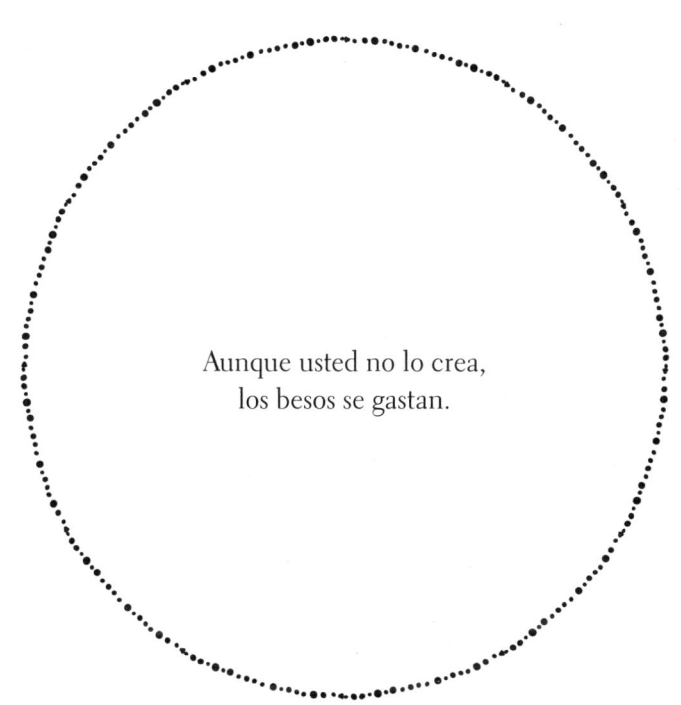

Aunque usted no lo crea,
los besos se gastan.

Que las mujeres piensan de madrugada,
lo compruebo al despertar.

Si la herida sangra
es una mujer.
No imagina cicatrices
ni suturas,
el amor y la muerte
los vive a flor de piel.
Déjala que llore,
el dolor la hará renacer.

Tengo miedo de tus arrebatos locos,
la chispa de tus celos me hace temblar.
Tanto miedo que aquí lo escribo,
por si mañana me cae un piano
de un séptimo piso,
sepan que no fue suicidio.

Hay algo peor que el amor fingido, corresponderlo.

Imposible amarte como yo me quiero.
Mañana romperé el espejo.

Muchos de nosotros
vamos a morir más pronto
de lo que deseamos.
Por muerte natural
o por vida artificial.

Hay un niño en ti,
si te quitas los zapatos lo dejarás salir.

Me besas y dejas algo en mí.
Tengo miedo de que nazca
como una semilla y andar
con algo tuyo crecido a flor de labios.

Si el cuerpo se alimenta de pan
al espíritu hay que llenarlo de palabras,
a veces calladas.

Ante los ojos de Dios
todos somos hormigas.

Si hubiera un teléfono
para hablar con Dios
le preguntaría
por qué tardó tanto en contestar.

Donde sepultaron la palabra
florecerá la razón.

Cavaré mi tumba en tu cuerpo,
para vivir tranquilo.

En el fondo del corazón
siempre hay una mujer.

Como canario de cautiverio,
en libertad, muero.

Lenta es la vida
como la piedra
que cae por el abismo.

El gusano
penetra a la manzana,
la pudre de amor.

Creemos en los milagros
porque somos autodestructivos.

Aunque mates al perro,
el recuerdo de la rabia queda en la piel.

Nunca te enamores de un poeta.
Siempre estamos ausentes.
El pasado nos parece eterno,
el futuro es terrible
y el presente jamás existe.

Ver tu propia mierda cara a cara
es el primer acto de honestidad
contigo mismo.

Los libros también son animales de compañía.

Frente a mi casa, más de cincuenta obreros construyen un edificio de seis pisos. Lo veo desde mi ventana: cimientos, varillas, maquinaria pesada. Piedra sobre piedra. Mientras yo escribo mi nueva novela: comas, puntos, acentos. Palabra tras palabra. Sé que ellos terminarán primero.

VI
ALBUREMAS

. . . .

Para expresar mi poesía
recóndita,
bronca, llagada:
necesito
no uno y la mitad del otro,
sino completos
los dos huevos de mi alma.

Elías Nandino

TÚ

El movimiento de tu cuerpo
excita mi razón.
Tu aliento, empañando mi cuello,
acelera el ritmo de mi corazón.
Tus manos, como nunca ansiosas,
cogen acertada dirección.
Imposible ya ignorarte,
imposible tú ignorar mi erección.

YO

Me encanta tenerte cerca,
tanto, que la sombra sea uno.
Sentir tu aliento recorrer mi piel,
y tu piel arder
como fuego sin control;
ahogarme en tus labios,
mojar mi cuerpo sediento
con el fango río de tu ser.
Me encanta saborear el fruto prohibido,
hacerte, para mí, y entre mis brazos,
por un instante mujer.

NOSOTROS

Yo sé que te gusta oírme,
con susurros al oído describirte.
Yo sé que te gusta
sentir mi mano en tu espalda,
y me das la espalda al sentir arder mi palma.
Yo sé que te excita escuchar mi voz
decirte cómo te haría el amor.
Yo sé que te imaginas
cómo sería nuestro amor,
los dos un solo sexo
y un sexo para los dos.

EL PESO DE LA VERDAD

No mentí al decir que te quería
cuando estabas encima de mí.
Comprobado es que el calor
nos hace ver alucinaciones
y decir, sin querer, alguna mentira.

PALABRA DE HONOR

Hay un exceso de libros en mi casa
y me abruman tanto
como el amor que veo en tu mirada.

No soy yo el hombre
que ha de llevarte al altar;
cuando mucho,
terminaremos en la cama.

ANATOMÍA DEL PLACER

Qué peculiar
el olor del pecado,
algo así como humor corporal,
sudor perlado.
Aliento de brisa marina
que viene del fondo de tus labios.

Qué peculiar
la voz del pecado,
murmullos que apenas se escuchan,
silencio que habla con las manos,
gritos de placer y dolor,
gemidos entrecortados.

Qué placer
el placer del pecado,
senderos de tierra caliente,
vergel de sexos hinchados,
prohibida pasión,
clímax de deseos inconfesados.

SOLEDAD MALSANA

Soledad malsana,
ocio que a gritos despierta
mis instintos de pubertad,
que trae a mi mente
recuerdos y fantasías,
escenas de liviandad.
Noches ociosas
de eterno insomnio,
que estimula y prolonga mi cuerpo
y estalla en torrente de ansiedad.
Fantasías obscenas,
que en mi mente se hacen verdad.

CALLADA ESPERANZA

Cuando nos damos la mano
y nuestros dedos se entrelazan
lo veo en tu mirada,
lo huelo en el humor
que transpiran tus entrañas,
lo siento en el calor
de tu palma,
el deseo callado,
anhelante de nuestras ganas.

Cuando nos damos la mano
y nuestros cuerpos se rozan,
gotea mi ansia
perlas de esperanza.

MEDIANOCHE

Un instante toqué el cielo
de estrellas rosa coral.
Atmósfera de noche,
cosmos de eternidad.
Infinita fantasía
que mi ansia devora
en sueños que me hace soñar.
Monte sin camino y sin faldas,
de amor y de Venus,
que guarda olores de humedad.
Mi mano se mojó
con el rocío de la aurora,
no hubo tempestad.
Qué vello, tu cielo alboreado.
Qué cielo tan bello corona tu andar.

BAJO EL AGUA

Recorrí tu cuerpo
con mis labios sedientos,
me llené la boca
con tu carne espesa,
completé mis manos
con tu piel jugosa
y ahogarme quisiera
en tu vientre de rosa,
mirando la cima erguida
de tu carne gruesa.

SIN MÁSCARAS

Cógeme de la mano
y méteme a tu cama,
ya bajo las sábanas
vámonos quitando las máscaras.
Si somos tal para cual,
como el palo a la piñata.
Si nos deseamos con la mirada,
y nos hablamos sin palabras,
no tiene caso fingir una amistad
que no nos quita las ganas.

SOBRE TU CUERPO

Cuando estoy contigo,
cuando estoy en ti,
miro de frente
tus labios hambrientos
que se lamen
y se muerden entre sí.
Miro tus ojos cerrar,
ya cansados de éxtasis,
ya cansados de hablar.

Cuando estoy contigo,
qué infinita fantasía,
monto potro de nácar,
manso, a pelo y sin brida.

UN SOLO SER

Cuando estoy en ti,
la distancia entre los dos
no existe.
Somos como la mar y el cielo
al horizonte.
¿Dónde comienzas tú?
¿Dónde termino yo?
¿Quién es el hombre?
¿Quién es la mujer?
¿Quién posee a quién?
Si somos los dos un solo ser.

LIBRES DE PECADO

El pecado está
en no arrepentirse.
Arrepentidos, confesados
y absueltos,
libres de culpa,
podemos seguir pecando.
Que al cabo si quieres,
cada domingo nos confesamos.

SÁBADO

Son apenas las diez de la noche,
y ya estoy en la cama
enredado con las verdes sábanas.
Hundido en un infierno de sueños.
consumiéndome en la hoguera
de mis dedos.
Como loco, poseído por mis más
bajos deseos.
Con mi carne ardiendo
de lujuria y desenfreno.
Excitado de los pies
hasta los pelos.
Son apenas las diez de la noche,
y ya estoy en la cama, solo,
abrazando mi propio cuerpo.

EN MI LECHO

En mi lecho,
sólo con mis pensamientos,
cada noche avivo un recuerdo.
Con el dorso desnudo, boca abajo,
mi piel es acero candente,
cada sueño lo estoy viviendo.

Sobre las gélidas sábanas
poco a poco me duermo
y siento mi sangre
correr por mis adentros,
revolcando mis ansias,
hinchando mis músculos,
erectando hasta mis dedos.

En mi lecho,
tratando de conciliar el sueño,
abrazo mi almohada,
la pongo bajo mi pecho,
la aprieto a mi cuerpo,
la siento tan mía,
que quizá ya dormido
sin querer la beso,
quizá ya dormido,
soñándote la poseo.

SUEÑO HÚMEDO

Anoche soñé contigo.
Estabas entre mis brazos,
tu piel albura ya sin fronteras,
te estrujaba con mis manos
y caminaba el desierto encendido
de tu cuerpo entre tinieblas.
Floreaba entre mis manos
tu pecho de lirio,
mojaba tu carne sedienta,
besaba y besaba tu pecho erguido.
Anoche tuve la metamorfosis de la primavera.
Sentía tus palmas sobre mi ansia,
tu cuerpo sobre el mío,
ya mojado de jugos,
ya mojado de besos,
encendido, como infierno de sueños,
convertido tu silencio en gemidos y ruegos.
Entraba por tus labios,
mayores eran mis delirios.
Sentada en trono de reina
buscabas a tientas mi cetro,
entre tus piernas perdido.
Un instante fundió nuestras almas,
y el dolor fue olvido.

Entre susurros y espasmos
rodamos por el piso,
vencidos de cansancio,
desconocidos,
tú entre mis brazos
o yo en tu regazo,
soñando que soñaba me quedé dormido.
Anoche soñé con el diablo
con tu piel vestido.

CAUCHO

Volcán activo
que en mi cuerpo
hizo erupción.
Magma candente
que ahoga tu voz.
Perlas salpicadas de rocío
llenas de puro amor.

Por la boca
se te escurre la vida,
no la desperdicies,
son pura proteína.

CLÍTORIS

Míralo.
Despiértalo.
Desnúdalo.
Pélalo.
Crécelo.
Succiónalo.
Frótalo
rápido,
más rápido,
más rápido.

POLINIZACIÓN

Mi lengua de avispa
envenena la miel de tus noches,
busca entre tus vellos
el pétalo que hace fluir tu néctar:
fuente de la eterna magnitud.

PADRE PFIZER

Rézale al santo del amor.
Pídele al que une y casa,
al que consigue imposibles
y llena de sonrisas cada instante
en la cocina, en el sillón, en la cama.
El santo que dice: levántate y anda.
Ni San Antonio tan milagroso
ni San Judas tanta esperanza.
Devoto y santo de las once mil vírgenes,
cansadas de repetir:
no te preocupes, no pasa nada.
Padre Pfizer,
qué gran altar a tu hijo que con honores
nos ha hecho volver a la carga.
San José del Viagra, después de ti,
no más frustraciones ni lágrimas.

RELÁMPAGO

Antes de tocarte el sexo
te buscaré la mirada.
Si te detienes y volteas,
descubrirás que vivo lejos
y en glorieta.
Pero si no vienes,
no insistiré,
no tienes mi elegancia.

DEGUSTACIÓN

Prefiero el beso negro
al verso blanco.
Mientras escoges el color
ya me estoy saboreando.

Solamente una vez

Mi pecado fue enamorarme.
Mi penitencia... seguirte amando.

Hay acostones que no se olvidan.

Coincidencias

Cómo sabe a sal la panocha.
Cómo huele a mujer el pescado.
Cómo es dulce, de veras, tu concha.

Oral

No hay nada más pelado
que un pito circuncidado.

Reina lambina

Tan ligera de cascos
que nunca pude montarla.

Entre amigos

Todo se vale.
Por adelante.
Por atrás.
Por amor.
Por probar.

Curso intensivo

No tiene manual ni técnica.
El amor se aprende mamando.

Según Carreño

Las servilletas, el papel del baño
y los calzones deben ser blancos.
Porque se llevan a los labios.

Sobrecogido

«Haría todo por hacerte feliz».
Me dijo el cartero con el pito en la mano.

Contra Newton

Todo lo que sube
tiene que bajar.
Todo lo que entra…
no te salgas, por favor.

Lo dijo Galileo

Es duro, suave y exacto.
Caliente, pesado y largo.
Grande, enorme y, sin embargo, se mueve.

Anonadado

¡Ay!
Dijiste que la puntita
nada más.

Fastfood

Como te vienes
te vas.

Cuarto creciente

Al mirarte desnuda,
algo crece en este cuarto.

Cuarto menguante

No eres tú
ni soy yo,
es mi terca impotencia.

Heteroflexible

Qué tanto es
tantito.

Maratón

De tu cuerpo no abuso,
le doy uso.

Pasión

Lo nuestro no es de sentimientos,
sino de centímetros.

Bien venido

¡Aaaaaah!

ÍNDICE

I
AMOR CONVENIDO

Lo que se llevó tu adiós...9
Inventario..12
Mala pata..14
Declaración de fe...15
El sepulcro..16
Domingo...18
1999..20
Amor convenido..22
Me duele el silencio...24
Ruta 100...25
Del arcoíris...26
Promesa de vida..27
Volver...28
Amor infinito..29
Ya no me ladran los perros......................................30
Sin razón..31
Sobre las verdes sábanas...32
Mis ojos..34
Agonizante..35
Siglo XX...36
Boca a boca...38
Por última vez..39
Tregua..40
Así de fácil..41
Mi casa...42
Pasos vacíos..43
Tu hábitat...45

Se vinieron las aguas...................................47
No me olvides...49
Post data...51
Suicidio...52
Un día de estos...53
Jarabe de primavera....................................54
Más que distancia..55
Menaje de casa...56
Soledad o poema 41....................................57
Lo que dejó tu adiós....................................58

II
·········
ÁRBOL DE LA VIDA

Casi una súplica..63
Del juicio..64
Tu bendición..65
En defensa propia.......................................66
Toda tú..67
Contagio...68
Poema que delira..69
Tu espacio..70
Eres como la noche....................................71
Lectura en voz alta....................................72
Lecciones de agua......................................73
Tus pies..74
Palo de ciego...75
El remedio...76

Dulce compañía..77
Anatomía espejo...79
Pan nuestro...80
El Surtidor..81
Retrato..83
Cuatro estaciones..84
Química cuántica...85
Mi ser..86
Árbol de la vida...87
Árbol de la muerte..93

III
EL ANTIGUO OLVIDO

Los poetas se enamoran.................................105
Todos tenemos un sueño................................106
El miedo es tan primitivo...............................107
Muerto no sólo es quien no respira..............108
Que se caiga..109
Nos aferramos a la luz....................................110
Hay palabras que no se pueden escribir......111
Sólo tú sabes que te quiero............................112
Te recuerdo..113
Hay que estar sin mujer.................................114
Tarde he llegado a todas las citas.................116
Ellas siempre caen de pie..............................117
Alta como los pájaros.....................................118
Acostada eres un *cello* en reposo...............120

Te levantas lo mismo que el sol..................121
Gira sobre sí mismo..................122
Sobre una pared blanca..................123
Cómo será la luz..................125
Los labios són nómadas..................126
Eres más hermosa tú..................127
Desnuda eres de cera..................128
Tus labios pesados como muslos..................129
Urgencia de ti..................130
Tu olor, mujer..................131
Yo no creo en el amor..................132
Pequeño dios que soy..................133
Eres mi tierra, mi mujer..................135
En la orilla de las cosas..................136
Tú lo sabes todo..................137
Nómbrame..................138
Todo fue verdad..................139
Extraviada de mí..................141
No me conmueve..................142
Por un momento..................143
Qué poco me quedará..................144
Y qué quieres..................146
Necia como un clavo en el ojo..................147
Con cada golpe vuelves..................148
Lo que hice fue defenderme..................149
El escándalo del ruiseñor al suicidarse..................150
Ríndete..................151
Tuyo, como el andar seguro..................152
Deja que me vaya..................153
Ni tus palabras en silencio..................154

IV
NATURALEZA MUERTA

Naturaleza muerta..157

V
EL PRINCIPIO

Otro poema desesperado.......................................173
Hoy terminé mi autobiografía................................177
Dolor mío, mi dolor...178
Uno nunca está conforme......................................179
Vete ya, hombre, nos dijimos................................180
Aunque usted no lo crea.......................................181
Que las mujeres piensan de madrugada..................182
Si la herida sangra..183
Tengo miedo de tus arrebatos locos.......................184
Hay algo peor que el amor fingido.........................185
Imposible amarte como yo me quiero....................186
Muchos de nosotros...187
Hay un niño en ti..188
Me besas y dejas algo en mí..................................189
Si el cuerpo se alimenta de pan.............................190
Ante los ojos de Dios..191
Si hubiera un teléfono..192
Donde sepultaron la palabra..................................193

Cavaré mi tumba en tu cuerpo........................194
En el fondo del corazón................................195
Como canario de cautiverio..........................196
Lenta es la vida..197
El gusano..198
Creemos en los milagros..............................199
Aunque mates al perro.................................200
Nunca te enamores de un poeta....................201
Ver tu propia mierda cara a cara...................202
Los libros también son animales de compañía..........203
Frente a mi casa..204

VI
....
ALBUREMAS

Tú..209
Yo..210
Nosotros..211
El peso de la verdad....................................212
Palabra de honor...213
Anatomía del placer....................................214
Soledad malsana...215
Callada esperanza.......................................216
Medianoche..217
Bajo el agua...218
Sin máscaras..219
Sobre tu cuerpo..220
Un solo ser...221

Libres de pecado..................222
Sábado..................223
En mi lecho..................224
Sueño húmedo..................225
Caucho..................227
Clítoris..................228
Polinización..................229
Padre Pfizer..................230
Relámpago..................231
Degustación..................232
Solamente una vez..................233
Coincidencias..................233
Oral..................233
Reina lambina..................234
Entre amigos..................234
Curso intensivo..................234
Según Carreño..................235
Sobrecogido..................235
Contra Newton..................235
Lo dijo Galileo..................236
Anonadado..................236
Fastfood..................236
Cuarto creciente..................237
Cuarto menguante..................237
Heteroflexible..................237
Maratón..................238
Pasión..................238
Bien venido..................238

AGRADECIMIENTOS

Lo que dejó tu adiós son poemas de una década. Escritos entre 1995 y 2005, han podido reunirse en esta antología por iniciativa de Modesta García, mi editora, quien leyó por primera vez *Amor convenido* cuando tenía catorce años de edad. El destino conspiró para que muchos años después volviera a sus manos.

Agradezco también a José Manuel Ruiz, el claroscuro de su cámara, a Patricia de la Rosa, por su certera opinión, y a Andrea Rubio, su gran amor.

RODOLFO NARÓ

Nació en Tequila, Jalisco, el 22 de abril de 1967. Ha sido becario del programa Jóvenes Creadores del Fonca en la disciplina de novela. Su primer libro de poesía, *Los días inútiles*, se publicó en 1996, después vendrían *Amor convenido* (1999), *Del rojo al púrpura* (2000), *El principio* (2004) y *El antiguo olvido* (2005), todos ellos compilados en *Poesía convenida* (1986-2007), editados en México y Argentina. Libros reunidos en este volumen. También es autor de las novelas *El orden infinito* (2007), finalista del Premio Planeta Argentina 2006 —considerada una de las mejores novelas de ese año por la revista *Gatopardo*— y *Cállate niña* (2011). Desde 2008 escribe el blog *La columna chueca*. Actualmente vive en la Ciudad de México.

Twitter: @RNaro
Facebook e Instagram: Rodolfo Naró
Web: www.rodolfonaro.com